Rituales de hábitos

Rituales de hábitos

Cómo condicionar tu mente para tener la energía que necesitas

Lucía Jiménez Vida

VERGARA

Penguin
Random House
Grupo Editorial

Primera edición: junio de 2021

© 2021, Lucía Jiménez Vida
© 2021, Penguin Random House Grupo Editorial, S. A. U.
Travessera de Gràcia, 47-49. 08021 Barcelona

Printed in Spain – Impreso en España

ISBN: 978-84-18620-07-2
Depósito legal: B-6.627-2021

Compuesto en Llibresimes, S. L.

Impreso en Romanyà Valls, S. A.
Capellades (Barcelona)

VE 2 0 0 7 2

Para Ainara, Alejandro y Cheiko,

por ayudarme a tener la energía que he

necesitado en cada momento de mi vida

Índice

Introducción

HACIA UNA MENTALIDAD DE ÉXITO

> Pienso que todo es posible siempre y cuando pongas tu mente en ello y trabajes para ello. Pienso que tu mente lo controla todo.
>
> MICHAEL PHELPS

Michael Phelps ganó su décima medalla de oro en los Juegos Olímpicos de Pekín nadando a ciegas. En la última vuelta, sus gafas se habían llenado completamente de agua y había perdido la visibilidad en la piscina. Sin embargo, supo mantener la calma en un momento de tanta tensión. Era una situación que le resultaba familiar, la había visualizado cientos de veces y sabía perfectamente cómo actuar. Calculó el número de brazadas que necesitaría para llegar al final de la piscina y, hacia la mitad, incrementó la velocidad, ya que desconocía si se encontraba por delante o por detrás del resto de los nadadores. Contó diecinueve, veinte y, finalmente, veintiuna brazadas. Cuando tocó la pared y se quitó las gafas, pudo comprobar que, además de haber ganado otra medalla de oro para su impresionante palmarés, había logrado un récord mundial. ¿Qué le permitió situarse en una energía ganadora y no abandonarla hasta el final?

Tal y como recoge Charles Duhigg en *El poder de los hábitos*,[1] aquel día Michael Phelps se levantó como cada mañana a las 6.30, desayunó huevos, avena y cuatro batidos energéticos y puso en práctica su ritual de hábitos. Dos horas antes de la carrera, comenzó con sus estiramientos y, una vez terminados, se metió en la piscina para realizar su primer calentamiento. En total, dedicaba cuarenta y cinco minutos a este primer entrenamiento. A las 9.15, «salió de la piscina y empezó a ceñirse el traje LZR Racer, un bañador de cuerpo completo tan ajustado que tardaba veinte minutos en ponérselo». A continuación,

---

1. Duhigg, C., *El poder de los hábitos*, Barcelona, Vergara, 2019.

empezó a reproducir la lista de música que escuchaba antes de cada carrera. Había dispuesto tanto el cuerpo como la mente para afrontar el reto que tenía por delante. Su nivel de energía se situaba donde lo necesitaba.

Cuando llegó el momento de la carrera, Phelps estaba preparado para afrontar los obstáculos que se pudieran presentar. No importaba lo que ocurriese aquel día, él ya había condicionado la mente para interpretar cualquier situación como manejable. Repetía siempre la misma rutina y eso lo ayudaba a establecer la mentalidad adecuada para alcanzar el éxito.

Podemos pensar que los rituales están reservados únicamente para seres humanos con capacidades excepcionales, como Michael Phelps, pero la realidad es que este tipo de rutinas se encuentran al alcance de todas las personas.

Laura es médico y alumna de mi programa formativo Hábitos Esenciales. En una de nuestras primeras sesiones, compartió conmigo cuál era su principal problema: después de las guardias en el hospital se sentía muy cansada, pero al llegar a casa no conseguía relajarse del todo. Como consecuencia, al no haber descansado adecuadamente en los días sucesivos, sentía que el tiempo se le escapaba sin remedio entre una guardia y la siguiente.

Dentro del programa, lo que hicimos fue diseñar dos tipos de rituales: uno de relajación y otro energizante. De esta manera, al llegar a casa tras una guardia, Laura iniciaría su ritual de relajación con el objetivo de descansar. Cuando se despertara, sin importar qué hora fuera, realizaría su ritual energizante paso a paso. Hacer estos rituales le permitiría condicionar su mente al estado que necesitara en cada momento.

Esta misma recomendación la han seguido otras alumnas mías que también trabajaban por turnos y sentían que su vida carecía de orden, ya que se acostaban y levantaban a distintas horas. Sin embargo, los rituales energizantes y relajantes les permiten mantener su descanso adaptándose a los horarios que deban cumplir cada semana.

Los rituales son rutinas compuestas por una serie de hábitos que tienen un objetivo concreto. Por ejemplo, mantener la calma en momentos difíciles, cargarnos de energía o relajarnos cuando lo necesitamos. Lo que diferencia un *ritual matinal* de una *rutina matinal*, por tanto, es la intencionalidad. Cuando ponemos en práctica un ritual, lo hacemos con el propósito de condicionar nuestra mente para situarnos en el estado de ánimo que necesitamos. Los hábitos que forman parte de estos rituales los elegimos previamente, teniendo en cuenta sus efectos sobre nuestro cuerpo y mente.

Podemos decidir qué alimentos tomar, como Michael Phelps antes de una carrera, o qué actividades incorporar, como hacer ejercicio o meditar. A continuación, deberemos contar con un período de adaptación en el que pondremos a prueba tales hábitos para, de esta forma, perfeccionar nuestro ritual y conseguir los efectos deseados. Una vez diseñado, deberemos repetirlo con frecuencia —a diario en muchos casos— para fijarlo en nuestra mente y prepararla ante cualquier situación que se nos presente.

Decidí escribir este libro tras comprobar el gran éxito que tenían en YouTube los vídeos sobre hábitos, y específicamente sobre rutinas matinales. De hecho, en mi canal, los dos vídeos más vistos en el momento de escribir estas líneas continúan siendo *Los 22 hábitos que cambiaron mi vida y mis rutinas diarias*[2] y *Cómo levantarse temprano y tener más energía: RUTINA MATINAL*.[3] El crecimiento de ambos contenidos y la proliferación de nuevos vídeos

---

2. Publicado el 3 de julio de 2019, acumula más de 425.000 visualizaciones en el momento de editar este libro, a comienzos de 2021: <https://youtu.be/KJNDE3iDxW4>.
3. Publicado el 2 de mayo de 2018, cuenta con cerca de 100.000 visualizaciones en estos momentos: <https://youtu.be/sOY4_p_2j3o>.

sobre estos temas me hizo preguntarme por qué son tan efectivas este tipo de rutinas, cómo nos afectan los hábitos y cuál es el motivo de que nos resulten tan atractivos. De modo que, como buena periodista, decidí encontrar la respuesta a estas preguntas y me puse a investigar, a leer libros de otros autores y a analizar estudios científicos que arrojasen luz sobre la importancia de las rutinas en nuestro día a día. Y no solo eso: también lo llevé a la práctica en mi propia vida.

Llevaba muchos años cambiando mis hábitos cotidianos para incorporar aquellos que me ayudaran a sentirme mejor, a ser más productiva y a reducir mi ansiedad mientras emprendía mi negocio. Todo cuanto iba aprendiendo lo compartía en mi canal de YouTube, y durante este proceso decidí crear mi ritual matinal de levantarme a las cinco de la mañana y dedicarme a mí misma estas primeras horas del día. Al fin y al cabo, es lo que hacen mujeres de éxito a las que admiro, como Michelle Obama o la empresaria Amy Landino. Nunca encontraba tiempo para hacer ejercicio o seguir formándome, así que pensé que si lo hacía nada más levantarme, no habría excusa que pudiera alejarme de mis hábitos. De este modo, comencé a dar forma al que fue mi primer ritual energizante y pude experimentar por mí misma sus efectos. A pesar de levantarme tan temprano, llegaba al final del día con gran vitalidad, mi concentración había aumentado y, con ello, también mi eficiencia. Era capaz de mucho más, y al mismo tiempo estaba logrando mantenerme fiel a mis hábitos. ¡Por fin tenía tiempo de hacer ejercicio y estudiar para crecer personal y profesionalmente!

Al compartirlo en mi canal y comprobar lo útil que resultaba para mis suscriptores, me propuse seguir indagando en el mundo de los hábitos y pronto se convirtió en mi principal ocupación junto con la productividad. Trabajando con mis clientas, a las que asesoraba sobre sus negocios en un programa de mentoría semestral, me di cuenta de que la clave para tener más vida era, precisamente, disponer de más tiempo y mayor energía (y a eso nos ayudan la productividad y los hábitos). Y decidí lanzar un programa de acompañamiento específico sobre hábitos, al que llamé Hábitos Esenciales y con el que he ayudado a otras personas a incorporar nuevas rutinas que les permitan llevar la vida que desean independientemente de sus circunstancias: tanto si son emprendedoras como si trabajan por cuenta ajena, si tienen hijos o no, etcétera.

Este libro sobre *Rituales de hábitos* nace tras años de

investigación, experimentación y puesta en práctica, con resultados que he podido apreciar tanto en mi vida como en el día a día de mis alumnas, y cuyas experiencias iré compartiendo contigo a lo largo de las siguientes páginas.

Antes de que entremos en materia, es importante que tengas en cuenta algo. Cuando hablamos de situar nuestra energía donde la necesitamos, no nos referimos únicamente a llenarnos de dinamismo, estar a tope y sentirnos capaces de todo. A veces, necesitaremos una energía de relajación; otras, será una gran vitalidad; y, en más de una ocasión, buscaremos aumentar nuestra concentración para ser personas más productivas.

Como hemos visto, los rituales de hábitos nos permiten enfocar nuestra mentalidad hacia el éxito, bien sea para ganar una medalla de oro en los Juegos Olímpicos, bien para tener la energía suficiente que nos permitirá afrontar el día. Sea cual sea nuestra meta, alcanzarla es un éxito que debemos celebrar.

Existen tantos rituales como personas en el mundo. Cada una de estas series de hábitos es única y especial. A una persona le puede aportar energía hacer ejercicio, mientras que a otra puede relajarla en exceso si tiene que poner en práctica ese hábito por la mañana y marcharse después a trabajar. Los alimentos que le sientan bien a una persona pueden no ser beneficiosos para otra. Por eso debemos encontrar el ritual que mejor se adapte a nuestras necesidades. Del mismo modo, en función del estado mental que deseemos alcanzar, incorporaremos un tipo de hábitos u otro y los practicaremos de determinada manera. Regresando al ejemplo del ejercicio, no es lo mismo hacer yoga o pilates que realizar ejercicios con pesas para desarrollar nuestra fuerza. Lo mismo ocurre con la meditación, que podemos utilizarla para despertar nuestros sentidos o para relajarnos antes de dormir.

Por eso, es muy importante que aprendamos a diseñar nuestros rituales en función de los objetivos que queremos conseguir y la disposición mental que deseamos tener.

Es habitual que al iniciarnos con los rituales de hábitos sintamos que no sabemos por dónde empezar. ¿Qué hábitos incorporar? ¿Cuánto tiempo debemos dedicarles? ¿Cuál debe ser la duración total del ritual para que sea efectiva? Todas estas cuestiones las iremos resolviendo a lo largo de las siguientes páginas.

Además, descubriremos por qué en ocasiones sentimos que las emociones se apoderan de nuestra mente y nos paralizan en momentos en los que necesitamos actuar. Si Michael Phelps hubiese permitido que la emoción del miedo lo invadiese en aquella carrera del 13 de agosto de 2008, jamás habría logrado un récord mundial y tampoco una medalla. En este libro te enseñaré cómo podemos evitar que las emociones determinen nuestras acciones.

También compartiré contigo algunas ideas de rituales ya creados, con diferentes duraciones y objetivos, para que puedas empezar por estos e ir adaptándolos, día a día, a tus circunstancias.

Finalmente, conocerás los rituales de personas de éxito que han confiado en los hábitos para encarar los retos diarios de sus exigentes carreras y te presentaré los casos de mis alumnas de Hábitos Esenciales, para que descubras cómo personas con las mismas inquietudes que tú han logrado dominar sus emociones y adquirir la mentalidad necesaria para conseguir lo que se propongan.

Antes de continuar con el siguiente capítulo, en el que hablaremos de cómo tus emociones se apoderan de tus pensamientos y, con ellos, de tus acciones, hay algo importante que debes tener en cuenta.

De nada te servirá todo lo que leas en este libro si después no lo pones en práctica en tu propia vida. Por eso, quiero que afrontes esta lectura como un manual sobre el que trabajar: tienes mi permiso para subrayarlo, escribir notas en los márgenes y diseñar tu mapa mental con las ideas fundamentales que vayas adquiriendo. Así conseguirás integrar mejor todo el conocimiento que voy a compartir contigo y llevarlo a la acción en tu día a día.

Además, para que te resulte más sencillo, a lo largo de este libro encontrarás ejercicios y páginas de trabajo sobre las que podrás escribir. También puedes descargar estas hojas de trabajo gratuitamente desde mi página web:

www.ritualesdehabitos.com/ejercicios

Y ahora, prepárate para descubrir el poder de tus emociones y qué puedes hacer para evitar sentir que tienen el control sobre ti.

Capítulo 1

EL PODER DE LAS EMOCIONES

Si buscas resultados distintos, no hagas
siempre lo mismo.

Albert Einstein

Era un frío martes de febrero del año 2013. Aún trabajaba
en la agencia de relaciones públicas en la que desarrollé
mis primeros años de experiencia. Aquel día tenía una
reunión importante con un cliente que viajaba desde el
norte de Europa para discutir con todo el equipo los siguientes pasos que daríamos en la estrategia sobre la que
estábamos trabajando desde hacía meses. Ese tipo de reuniones eran bastante habituales en la agencia. Estábamos

en permanente contacto con las empresas que nos contrataban. Como la mayoría estaban ubicadas fuera de España, hablábamos semanalmente con los responsables por teléfono, nos enviábamos correos electrónicos a diario y todos los meses visitaba nuestras oficinas algún cliente internacional. Aunque aquella reunión era importante, no suponía nada nuevo para mí. Sin embargo, todo se torció desde primera hora. Quería llegar pronto para resolver algunos asuntos antes de la reunión, pero mi alarma del móvil no funcionó, así que me desperté tarde. No encontraba por ninguna parte los materiales que debía presentar y, poco a poco, el estrés y el agobio fueron adueñándose de la situación. Sin darme cuenta, entré en una espiral de ansiedad que me llevó a cometer cada vez más errores; tenía los nervios a flor de piel y eso hacía que me sintiera más y más agobiada.

Ya apenas me daba tiempo a salir de casa, tomar el metro y dirigirme a la oficina. Me sentía totalmente paralizada, incapaz de cruzar el umbral de la puerta. A medida que pasaban los minutos me iba haciendo cada vez más pequeña, y me invadió una amarga sensación de derrota. Era sencillo, solo tenía que abrir la puerta. Podía llamar un taxi y llegaría a tiempo a la reunión. Pero me derrumbé. La ansiedad, la frustración y la tristeza se apoderaron de mí. Le escribí un mensaje a mi jefa y me disculpé por no poder acudir a la reunión. Ni siquiera tenía fuerzas para llamarla. No le dije cómo me sentía, sino que había amanecido enferma y que no lograba mejorar. Después, me puse el pijama y me metí en la cama.

A pesar del paso de los años, recuerdo perfectamente las sensaciones que experimenté aquella mañana y cómo permití que las emociones tomaran el mando. Cedí el control al piloto automático de mi mente y dejé de tener mi propia autonomía. Aquel suceso fue determinante para mi desarrollo personal, me di cuenta de que tenía que recobrar el control sobre mi vida y, aunque todavía habrían de pasar algunos años hasta que me decidiese a visitar a una psicóloga, comencé a dar los primeros pasos hacia mi recuperación.

Las emociones son reacciones automáticas que se producen en nuestro cerebro y que hemos heredado de nuestros ancestros. Muchas de estas continúan siendo beneficiosas hoy en día, pero otras han perdido su utilidad. Por ejemplo, el vínculo que se genera entre un recién nacido y sus padres es necesario para su supervivencia. Este vínculo se encuentra auspiciado por la oxitocina, que se produce de manera natural durante el parto y la lactancia. La llamada «hormona del amor» hace que madre e hijo se enamoren inmediatamente, e incluso antes de nacer ya se genera una emoción de amor y protección hacia el feto que crece en nuestro vientre. Son emociones que propician la supervivencia de nuestra especie.

Existe otro tipo de sentimientos, como los que producen el miedo y la ansiedad, que resultaban especialmente útiles hace miles de años, cuando nuestra vida estaba en continuo peligro. En el caso de la ansiedad, por ejemplo, en nuestro cerebro se activa la amígdala, que nos impulsa a tomar una decisión casi automática ante una situación de auténtico riesgo: luchar, huir o escondernos. De ahí que en ocasiones nos quedemos paralizados, mientras que en otros momentos nos entran ganas de salir corriendo del lugar en el que nos encontramos. Es el efecto del cortisol, la hormona que segregamos en situaciones de estrés. Entre otras cosas, se encarga de paralizar todos los procesos que se están produciendo en nuestro cuerpo para centrar toda nuestra energía en sobrevivir al peligro. Por eso a veces sentimos que se nos corta la digestión ante una situación estresante: si nuestra vida estuviera en peligro, el proceso digestivo dejaría de ser prioritario y nuestro cuerpo no retomaría esta tarea hasta que nos encontráramos a salvo. También sucede con el parto de las mamíferas. Si una hembra está dando a luz a sus crías y, de repente, percibe que un depredador se acerca, su cuerpo producirá cortisol suficiente como para frenar el proceso. Esta reacción le permitirá poner a salvo a sus crías, incluso esconder a las que hayan nacido, y huir. Una vez pasado el peligro, podrá regresar donde se encuentran sus crías y terminar de dar a luz a las restantes.

El problema es que nuestra vida actual poco o nada tiene que ver con la que vivieron los primeros homínidos o los animales que viven en libertad. Por ese motivo, muchos de los conflictos emocionales que experimentamos hoy en día se producen porque vivimos en un entorno muy diferente al que habitaban nuestros ancestros hace miles de años. Nosotros no nos enfrentamos, en nuestro día a día, a situaciones de vida o muerte. Sin embargo, nuestra mente sigue interpretando los pequeños retos cotidianos como si literalmente nos fuera la vida en ello. Cuando vamos conduciendo y sentimos que un coche nos adelanta por la izquierda, es posible que se despierte de forma inconsciente en nosotros el instinto de lucha por llegar a la comida antes que nuestro adversario. Lo mismo ocurre en el mundo de los negocios, cuando los emprendedores sienten que la competencia está avanzando más rápidamente, o en la oficina, cuando nos molesta que asciendan a un compañero. La diferencia es que ahora tenemos abundancia de recursos y nadie va a robarnos la última pieza de carne con la que pretendíamos alimentarnos.

Piensa en cuándo fue la última vez que sentiste que tus emociones se apoderaban de ti y tomaban el control. No siempre nos llegan a paralizar hasta el punto de necesitar quedarnos en casa, sin salir, mientras esperamos en nuestra madriguera hasta que pase el supuesto peligro. En la mayoría de los casos, son emociones como el enfado o la tristeza las que toman el control y activan el piloto automático de nuestra mente. ¿Cuántas veces te has enfadado con alguien y has sentido cómo ese sentimiento ha ido creciendo dentro de ti sin que pudieras hacer nada por detenerlo? ¿O cuántas veces te has encontrado en un bucle de pensamientos negativos que te han hecho sentir cada vez más triste?

Otras emociones que socialmente consideramos positivas, como la alegría, también hacen que actuemos sin pensar, con ese piloto automático encendido. Cuando nos proponen una actividad que nos entusiasma, pero para la cual no tenemos tiempo en nuestra agenda, decimos que sí y ni siquiera lo consultamos previamente con nuestro calendario. No lo pensamos, y después nos arrepentimos porque carecemos del tiempo suficiente para llevarla a cabo. Es uno de los principales problemas de productividad con los que se encuentran las alumnas que participan en mis formaciones: son incapaces de decir que no, incluso cuando son conscientes de que les perjudicará. Si la idea les entusiasma, se dejan llevar por la emoción y aceptan de inmediato.

Son muchas las situaciones en las que permitimos que nuestra mente tome el control bajo las órdenes de las emociones y creemos que no se puede hacer nada por evitarlo. Justificamos nuestra decisión diciéndonos que lo hacemos porque así es como lo sentimos, simplemente.

Las emociones determinan nuestras acciones: nuestro modo de actuar proviene de la forma en que sentimos. Profundicemos en su raíz. ¿De dónde viene el término «emoción»? Lo heredamos del latín *emotio* que, a su vez, deriva del verbo *emovere*, y este, a su vez, de *movere* (acción de mover). Por lo tanto, una *emotio* (una emoción) es «aquello que te mueve hacia». El movimiento implica acción. Son las emociones las que nos hacen actuar de un modo u otro. Si queremos cambiar nuestros resultados, deberemos empezar por modificar el modo en que actuamos. Y para que estas acciones sean distintas, primero tendremos que transformar nuestras emociones. ¿Cómo? A través de los pensamientos. «Si las emociones nos empujan a actuar y nuestras acciones tienen unas consecuencias, unos resultados... ¡para cambiar nuestros resultados debemos cambiar nuestra forma de pensar y no el mundo que nos rodea!»[4] Esto quiere decir que, si logramos recuperar el control sobre lo que pensamos, también lograremos hacerlo sobre lo que sentimos y, por tanto, sobre cómo actuamos. Cuando modificamos nuestro paradigma de pensamiento, también cambian las emociones asociadas a este. Decía Stephen R. Covey en *Los 7 hábitos de la gente altamente efectiva* que «nuestros paradigmas, correctos o incorrectos, son las fuentes de nuestras actitudes y conductas, y en última instancia de nuestras relaciones con los demás».[5]

4. Del Rosario, D., *El libro que tu cerebro no quiere leer*, Madrid, Ediciones Urano, 2019.
5. Covey, S. R. , *Los 7 hábitos de la gente altamente efectiva*, Barcelona, Editorial Booket, 2015.

Imaginemos, por un momento, que tenemos nuestro propio negocio y contamos con un proveedor autónomo que realiza algunos servicios para nuestra empresa. Las comunicaciones con él suelen ser eficaces, responde todos los correos electrónicos que le enviamos con cierta diligencia, pero un día no contesta a ninguna de nuestras consultas. Insistimos hasta que desistimos y acabamos enviando un último correo en tono indignado por no haber recibido respuesta. El enfado ha tomado el control. «¡Menudo impresentable!», pensamos. Sin embargo, cuando por fin nos contesta descubrimos que esa persona ha tenido un accidente y, aunque ya está recuperada y todo ha quedado en un susto, ha tenido que ser intervenida de urgencia. Al enterarnos de la situación, nuestro paradigma de pensamiento cambia inmediatamente. De repente, empatizamos con lo ocurrido y entendemos que no haya podido atender nuestras consultas. Nuestro enfado desaparece.

Todos hemos vivido situaciones similares en algún momento de nuestra vida, en las que las emociones de enfado o tristeza desaparecen repentinamente al modificar los pensamientos que tenemos sobre una situación o persona concreta. El hecho en sí es objetivo, pero el modo en el que lo percibimos, juzgamos y categorizamos en nuestra mente determina cómo nos sentimos acerca del mismo. Debemos tener en cuenta que todo lo que percibimos a través de nuestros sentidos es completamente subjetivo, incluso cuando nos parece que no estamos emitiendo ningún juicio sobre un suceso que acaba de acontecer y que hemos observado con nuestros propios ojos.

Como veremos a lo largo de este libro (y ya te aviso de que insistiré en esta idea), el objetivo de nuestro cerebro es garantizar nuestra supervivencia, y para lograrlo procura ahorrar energía, centrándose en lo realmente importante. Es decir, solo procesa una parte de lo que nuestros sentidos aprecian y utiliza los recuerdos extraídos de experiencias previas para rellenar todo lo demás. Pensemos en nuestros ancestros: si su cerebro hubiese tenido que procesar absolutamente todo lo que veían sus ojos y todo cuanto percibían el resto de sus sentidos en cada situación, nuestra especie se habría extinguido con bastante rapidez, probablemente porque cualquier depredador habría sido más rápido que nosotros y habría acabado devorándonos. Imaginemos que tenemos que procesar todo lo que vemos, la temperatura ambiental, el calor del sol sobre la piel, todos los sonidos que oímos... siempre, a cada momento. Evidentemente, no resultaría efectivo. Nuestro cerebro busca atajos que le permitan ahorrar energía, pero a veces eso provoca que cometa pequeños errores.

Por tanto, no sería adecuado decir que nuestros sentidos nos engañan, sino más bien que la información que recibimos del exterior es la suma de lo que percibimos y la interpretación que nuestro cerebro hace de ello con la experiencia que ya tiene de situaciones previas. Recordemos por un momento lo que sucedió en 2015, cuando el mundo se detuvo por culpa de un vestido que a unos les parecía azul y negro, mientras que otros lo veían de color blanco y dorado. Incluso los informativos le dedicaron unos minutos de su tiempo. ¿Cómo era posible que otras personas lo viesen diferente? Nos resulta incomprensible que los demás estuviesen viendo la misma fotografía que nosotros y, sin embargo, apreciaran dos colores por completo distintos. La respuesta, precisamente, radicaba en que dependía de cómo nuestro cerebro percibía la luz de la fotografía y, en función de ello, interpretaba uno u otro color. Lo mismo ocurre con las ilusiones ópticas. Una de las más famosas de la historia es aquella que nos muestra un pato y un conejo al mismo tiempo y que fue publicada por primera vez en la revista satírica alemana *Fliegende Blätter* en el año 1892, aunque sin mencionar el nombre de su autor. La ilustración sirvió de ejemplo al filósofo Ludwig Wittgenstein, que la utilizó para explicar el perspectivismo en su obra póstuma, *Investigaciones filosóficas*. Se trata de una doctrina que pone sobre la mesa la idea de que el conocimiento es relativo al punto de vista que tiene cada uno de nosotros.

Si nuestro cerebro se equivoca fácilmente con pequeños juegos visuales como el de esta ilustración, ¿hasta qué punto podemos confiar en lo que aprecian nuestros sentidos? ¿De verdad nos transmiten la realidad tal como es, o más bien la percibimos tal como somos, de acuerdo con nuestras experiencias? Lo que vemos, escuchamos, sentimos... todo viene determinado por lo que hemos vivido anteriormente, el modo en que lo percibimos en su momento y la manera en que ahora nuestro cerebro lo recuerda. Porque, si pensamos que nuestros recuerdos son del todo fiables, volveremos a equivocarnos: «La memoria es engañosa porque está coloreada por los eventos actuales», decía Albert Einstein.

Incluso esos acontecimientos tan importantes que creemos que se han grabado a fuego en nuestra mente pueden verse alterados con el paso del tiempo, tal como se explica en el episodio «Recuerdos» de la serie documental *La mente, en pocas palabras*, de Netflix, un programa que te recomiendo. En este, una de las personas entrevistadas menciona que recuerda a la perfección que su madre trabajaba en el centro de Nueva York cuando se produjeron los atentados del 11-S y que el humo llegaba hasta Long Island, donde estaba su escuela. Sin embargo, su madre trabajaba en Connecticut por aquel entonces, a unos sesenta kilómetros del World Trade Center; su clase no tenía vistas al estuario que ella recordaba y el humo se propagó en dirección contraria. Ella lo recordaba con todo detalle, tenía las imágenes repitiéndose fielmente en su mente, pero era imposible que ocurriese de aquel modo. No fue la única persona que experimentó algo similar.

Una semana después de los atentados del 11 de septiembre, un equipo de investigadores de la Universidad de Nueva York[6] preguntó a más de tres mil personas de siete ciudades diferentes de Estados Unidos detalles sobre dónde se encontraban o con quién estaban en el momento de conocer la noticia. Volvieron a contactar con ellos once meses después y, de nuevo, treinta y cinco meses más tarde, y se encontraron con que, transcurridos casi tres años, cerca del 43 por ciento de las personas entrevistadas dio una respuesta diferente.

Los recuerdos se almacenan en distintas partes de nuestro cerebro, y lo que da sentido a toda esa información es el hipocampo. Cuando recordamos una experien-

6. Hirst, W., Phelps, E. A., *et. al.*, «Long-term memory for the terrorist attack of September 11: flashbulb memories, event memories, and the factors that influence their retention», *Journal of experimental psychology. General*, 138(2), 161-176, <https://doi.org/10.1037/a0015527>.

cia concreta, el lóbulo temporal se encarga de unir los diferentes fragmentos, tanto las percepciones de nuestros sentidos como las emociones que experimentábamos. Sin embargo, los recuerdos no son grabaciones exactas que incluyan todos los detalles y, al igual que sucedía con los sentidos, el cerebro trata de ahorrar energía, así que busca elementos coherentes que completen su narrativa basándose en conocimientos previos que ya tiene.

El objetivo de los recuerdos no es que podamos recrearnos en estos para vivir en un constante estado de nostalgia por el pasado, sino que nos sirvan para afrontar las situaciones del presente y que podamos tomar mejores decisiones. Si tocamos una superficie caliente y nos quemamos, nuestro cerebro aprenderá que tenemos que ir con más cuidado la próxima vez. No necesita recordar todos los detalles, saber por qué estaba caliente o qué estábamos cocinando. Solo le interesa el aprendizaje adquirido. Como consecuencia, nuestro cerebro no necesita tener todos los detalles almacenados en la memoria, sino que se toma la licencia de ir modificándolos con nuevos aprendizajes y experiencias según lo vaya necesitando.

Decía Gabriel García Márquez que «la vida no es la que uno vivió, sino la que uno recuerda y cómo la recuerda para contarla». No podemos confiar plenamente en nuestros sentidos y tampoco en nuestros recuerdos y, sin embargo, nos basamos en estos para justificar continuamente nuestros pensamientos y emociones. Tenemos el convencimiento de que todo sucede tal y como lo percibimos, y nos obcecamos con pensamientos que alimentan emociones concretas. Cuando entramos en un bucle de ideas negativas y no paramos de darles vueltas, acabamos sintiéndonos cada vez peor y no llegamos a ninguna solución. Por eso, tal y como veremos en el siguiente capítulo, debemos elegir cuidadosamente nuestros pensamientos, ya que son el motor de nuestras emociones y, por tanto, de las acciones que realizamos.

A todo esto, no me gustaría llevarte a la idea errónea de que existen emociones negativas que debes evitar a toda costa y emociones positivas que debes cultivar. Esta dicotomía nos ha llevado con frecuencia a dividir nuestros sentimientos en blanco y negro, aceptables y deleznables. Cuando, en realidad, todas las emociones son necesarias y tienen su utilidad en nuestra vida. Las náuseas del embarazo, por ejemplo, nos ayudan a ser más cautas a la hora de ingerir alimentos potencialmente dañinos para el bebé, mientras que el dolor de una lesión nos obliga a guardar reposo en lugar de seguir forzando esa parte de nuestro cuerpo y dañarla aún más. Son sensaciones que pueden resultarnos desagradables pero que, sin duda, constituyen una ventaja evolutiva que afianza la supervivencia de nuestra especie. Al igual que sucede con el dolor o las náuseas, sentimientos como la tristeza también tienen su utilidad. Por ese motivo, si nos sentimos tristes, debemos permitir que así sea. Es más, debemos vivir esta emoción con nuestros cinco sentidos, identificar cómo nos afecta incluso en el plano físico y reconocer qué se oculta realmente tras este sentimiento. ¿Quizá sea la soledad? ¿Y por qué nos atormenta, y hasta nos da miedo, sentirnos solos? Profundizando en estas sensaciones, seremos capaces de conocernos cada vez mejor e iniciar un proceso de recuperación desde la aceptación de nuestro propio ser. Porque no hay otra transformación posible: solo se puede producir desde la aceptación.

Cuando trabajamos en descubrirnos, conocernos, aceptarnos y querernos, nos preparamos para vivir ese cambio que anhelamos. Lo hacemos desde la abundancia, no desde la necesidad, y por tanto apreciamos más nuestro presente y el regalo que es la vida, con sus enseñanzas y retos. Pero si buscamos este cambio desde el rechazo, la escasez y el reclamo, no habremos preparado nuestra mente para esa transformación y ni siquiera será capaz de apreciar las señales que nos indiquen qué camino seguir para lograrlo.

Es más, cuando actuamos desde el sentimiento de rechazo, le estamos diciendo a nuestro cerebro que los pensamientos asociados a esa emoción nos resultan útiles, porque nos estamos recreando en ellos continuamente. Así que nuestra mente nos los vuelve a presentar una y otra vez. Cada día nos quejamos del trabajo que tenemos, del jefe tan incompetente que nos ha tocado, de los traslados en transporte público, y nos lamentamos de forma constante por todo aquello que rechazamos y querríamos cambiar. Nuestro cerebro identifica que estas ideas son útiles porque recurrimos a ellas con frecuencia. De modo que, si no queríamos caldo, ¡tomemos dos tazas! Vivimos esta única realidad y somos incapaces de ver más allá. ¿Cómo pretendemos que se produzca una transformación en nuestra vida si no nos permitimos salir de la espiral de pensamientos que la mantienen? Si quieres resultados distintos, empieza por pensar diferente.

Pero, como veíamos, todas las emociones tienen algo que enseñarnos, y así ocurre con otro tipo de emociones que socialmente se catalogan como negativas: el enfado, la ira, el asco o el miedo, por ejemplo. Ocultar este tipo de sensaciones o reprimirlas solo nos servirá para acumularlas y que más adelante acaben explotando de la peor forma. Transita las emociones, vívelas, siéntelas en su totalidad, pero evita recrearte en ellas. Como escribió el autor Aldous Huxley en su obra *Un mundo feliz*,[7] «revolcarse en el fango no es la mejor manera de limpiarse». La diferencia entre transitar nuestras emociones y revolcarnos en ellas radica en la siguiente idea: el dolor es inevitable, pero el sufrimiento es opcional. Cuando muere un ser querido, por supuesto que nos duele. Y viviremos ese duelo con sus fases correspondientes. Pero cuando entramos en un bucle de pensamientos, culpabilidades y arrepentimientos, empezamos a recrearnos en el sufrimiento, y esa es la parte que nos podemos ahorrar.

En el capítulo siguiente, seguiremos profundizando en el poder de los pensamientos para dirigir nuestras emociones, y veremos cómo los rituales de hábitos nos permi-

7. Huxley, A., *Un mundo feliz*, Barcelona, Debolsillo, 2003.

ten automatizar este proceso en nuestra mente para así ahorrarnos el esfuerzo diario de andar identificando y sustituyendo todo tipo de pensamientos inútiles. Sin embargo, a diferencia del piloto automático de nuestras emociones, en esta ocasión se trata de un proceso que hemos diseñado previamente y de manera consciente para lograr el efecto deseado. Al poner en práctica nuestro ritual un día tras otro, conseguimos condicionar nuestro estado mental y alcanzar el objetivo que nos propongamos: calma, concentración, energía, relajación... Contar con un ritual energizante que realizo todas las mañanas al levantarme me ha permitido hacer frente a retos mucho mayores que los de aquella fría mañana de febrero en la que fui incapaz de salir de casa. Lo compartiré contigo más adelante, pero ahora debes saber que jamás he vuelto a sentirme así de paralizada. Mis rituales de hábitos me han permitido reprogramar mi estado mental y prepararme para hacer frente a todo lo que pueda ocurrir.

EJERCICIO PRÁCTICO
Identifica tus emociones diarias

Conocer cuáles son las emociones que nos acompañan en nuestro día a día nos servirá para identificar de dónde proviene nuestra forma de actuar.

En una hoja de papel, dibuja una línea vertical que separe el espacio en dos columnas. A la izquierda, escribe a lo largo de un día aquellas emociones que consigas reconocer: pereza, alegría, tristeza, nostalgia, excitación, etcétera. Cuando las escribas, incluye a la derecha qué pensamiento alimenta cada una de estas emociones. Si no lo puedes hacer inmediatamente, puedes dejar esta segunda parte del ejercicio para el final del día.

Por ejemplo, el sentimiento de pereza a primera hora de la mañana podría estar alimentado por el pensamiento de todas las tareas que tenemos por delante: no nos apetece salir de la cama porque nos sentimos incapaces de afrontarlas.

RITUALES DE HÁBITOS
Identifica tus emociones diarias (capítulo 1)

Emociones	Pensamiento que alimenta esta emoción
Pereza	Me espera un largo día por delante con muchas tareas pendientes
Alegría	El camarero me ha invitado al café de hoy

A MODO DE RESUMEN...

✓ Las emociones son reacciones automáticas que se producen en nuestro cerebro desde tiempos ancestrales. Muchas de ellas, que tenían como misión garantizar la supervivencia en un ambiente hostil, han dejado de resultar útiles en la actualidad.

✓ Sin embargo, aún nos sentimos indefensos ante las diferentes emociones que podemos experimentar en el día a día: les otorgamos un poder mayor del que tienen.

✓ Las emociones nos conducen a entrar en acción: en función de cómo nos sentimos, actuamos. Por eso es importante controlarlas y abandonar el piloto automático.

✓ Para transformar nuestras emociones, primero deberemos revisar nuestros pensamientos: ¿cuál es la idea principal que nos lleva a sentirnos así?

✓ No existen emociones positivas o negativas, sino útiles o inútiles en función de cómo nos hacen actuar.

Capítulo 2

PENSAMIENTOS QUE DIRIGEN EMOCIONES

Tanto si crees que puedes como si no, estás en lo cierto.

Henry Ford

Alejandro es uno de los mayores expertos en ventas que he conocido y, además, es mi pareja, así que he tenido la oportunidad de aprender mucho de él. Nos conocimos precisamente cuando él trabajaba para una red de fuerza de ventas en el aeropuerto de Madrid. Yo tenía que viajar a Barcelona para visitar las instalaciones de un cliente y aprender sobre su sector. Él se encontraba en uno de los estands de venta del aeropuerto y me abordó en mi camino hacia el control de seguridad. Como te puedes imaginar, el producto financiero que me presentó fue lo menos importante de aquel encuentro.

Tanto a Alejandro como a mí nos apasiona nuestro trabajo, y en las primeras citas solíamos compartir inquietudes y experiencias. Él, desde el punto de vista del trato directo con el cliente y yo, con mi enfoque de marketing estratégico. Recuerdo que una vez conversábamos sobre la importancia de tolerar la frustración ante la negativa continua de los clientes, cuando uno detrás de otro te dice que no está interesado hasta que, por fin, encuentras a la persona adecuada para el producto que ofreces. Una de las frases que me dijo en aquella conversación se quedó grabada en mi mente para siempre: «Cuando empecé a trabajar en ventas, observé a quienes obtenían los mejores resultados y me dije: "si ellos pueden conseguirlo, ¿por qué yo no?"». Esa actitud le permitía sobreponerse con rapidez a cada negativa y continuar trabajando para ganarse al siguiente cliente. Y así fue como se convirtió en uno de los mejores vendedores de la compañía, batiendo continuamente sus propios récords de ventas. Muchos comerciales, en cambio, se vienen abajo cuando reciben varias negativas seguidas. Entran en el bucle de los pensamientos negativos y se presentan ante el siguiente cliente con la idea de que también les dirá que no. Con frecuencia piensan que los mejores vendedores son personas con más suerte o talento que ellos y, por tanto, que no hay nada que puedan hacer para mejorar sus resultados.

El primer paradigma de pensamiento y el segundo son completamente opuestos entre sí, y los encontramos con frecuencia en todo tipo de sectores. Las personas que alcanzan el éxito sienten que son capaces de todo lo que se propongan, mientras que otras maldicen sus circunstancias y su mala fortuna. Pero ¿las primeras piensan de esa manera porque han conseguido todo lo que se han propuesto o, precisamente, han logrado alcanzar sus metas porque han tenido la mentalidad adecuada para superar los retos que se han presentado en el camino y perseguirlas? Si Michael Phelps no hubiese trabajado durante años su mentalidad ganadora, ¿habría sido capaz de nadar a ciegas la última vuelta de la carrera que le reportó su décima medalla de oro olímpica y un récord mundial? La experiencia me ha revelado que, con mucha mayor frecuencia, es nuestra mentalidad la que determina nuestros resultados. Para tener una mentalidad de éxito y abundancia, deberemos desarrollar un paradigma de pensamiento enfocado hacia ello, con imágenes que refuercen las ideas que nos ayudarán a crecer y a lograr nuestras metas.

Un paradigma de pensamiento se compone de un conjunto de creencias que se encuentran arraigadas en nuestra mente y que nos predisponen a adoptar una u otra perspectiva acerca de lo que sucede. Lo hemos visto en páginas anteriores: los hechos son objetivos por sí mismos, pero la interpretación que hacemos de estos es subjetiva. La lluvia no es triste ni melancólica, simplemente es un fenómeno natural al que atribuimos ciertas connotaciones según nuestra experiencia. Es probable que nos invite al recogimiento por la herencia de nuestros ancestros, que quizá optarían por resguardarse en sus cavernas al igual que hacen los animales en sus madrigueras, pero un día lluvioso no es, por sí mismo, «un mal día» ni «un día triste».

En la parábola india de «Los tres ciegos y el elefante», tres viejos amigos invidentes se encuentran por primera vez con un elefante. Es un animal del que han oído hablar, pero desconocen cualquier otro dato acerca de cómo es físicamente, así que se le acercan para palparlo. Uno de ellos lo describe como la columna de un templo o el tronco de un árbol. El segundo no está de acuerdo, siente que su forma es plana y que produce una brisa agradable, como un abanico. El tercer amigo, extrañado, exclama que es imposible. Para él, un elefante es parecido a una cuerda e, incluso, a una serpiente: alargado, flexible y blandito. Cada uno de ellos había acariciado una parte diferente del cuerpo del animal y se había hecho una idea concreta de cómo era en su totalidad.

Como vimos en el capítulo anterior, a las personas nos ocurre exactamente lo mismo cuando describimos diferentes acontecimientos. Los observamos y analizamos desde nuestro punto de vista, basándonos en nuestra experiencia, nuestros conocimientos y nuestras ideas preconcebidas, y somos incapaces de entender los puntos de vista de los demás, cuando lo que ocurre es que, simplemente, estamos tocando diferentes partes del cuerpo del elefante. Ante una misma situación, podemos cambiar nuestro punto de vista y tratar de entenderlo desde otra perspectiva. Somos la misma persona y el hecho no ha cambiado ni un ápice, pero tenemos la capacidad de modificar nuestro paradigma de pensamiento para analizarlo desde otro prisma. En muchas ocasiones, catalogamos un suceso como negativo sin tan siquiera ser conscientes de cuáles son sus consecuencias posteriores. Al igual que los tres amigos ciegos, carecemos de toda la información, y aun así, nos atrevemos a afirmar categóricamente que nada peor podría haber sucedido.

En su libro *No te preocupes, ¡enfádate si quieres!*, el monje budista Ajahn Brahm[8] recoge otra fábula sobre la que merece la pena reflexionar. Tras una jornada de caza, el rey se hizo un corte en un dedo. Después de que se lo vendaran, le preguntó al médico: «¿Se pondrá bien mi dedo?», a lo que este respondió: «¿Bien? ¿Mal? ¿Quién sabe?». Pocos días después, la herida se infectó y el médico volvió a curarla aplicando un ungüento. De nuevo, el rey preguntó si aquello iría bien. La respuesta del médico volvió a ser la misma: «¿Bien? ¿Mal? ¿Quién sabe?», lo cual hizo desesperar al rey. Finalmente, el dedo tuvo que ser amputado y el rey encerró al médico en el calabozo por su falta de profesionalidad. Cuando se hubo recuperado, volvió a salir de caza. Pero, entonces, una tribu indígena lo capturó para ofrecerlo como sacrificio a su dios. Cuando su sacerdote fue a cortarle el cuello, se dio cuenta de que solo tenía nueve dedos y, por tanto, no era lo sufi-

8. Brahm, A., *No te preocupes, ¡enfádate si quieres!*, Barcelona, Kairós, 2015.

cientemente perfecto como para ser sacrificado. Gracias a que había perdido el dedo, el rey conservó la vida. Una vez más, el rey había juzgado el hecho de perder su dedo como algo negativo sin tener toda la información al respecto, ya que desconocía cómo afectaría al devenir de su propia vida. Como sucedía en la fábula del elefante, tendemos a juzgar cualquier acto antes de tener toda la información. No podemos saber si lo que ha ocurrido es bueno o malo, puesto que desconocemos cómo afectará a lo que está por venir. Cuando una persona pierde su empleo, puede pensar que es la mayor desgracia que le ha podido suceder, mientras que para otra es una oportunidad de encontrar un trabajo mejor o de emprender su propio negocio. El hecho es el mismo, pero la interpretación cambia de una persona a otra, e incluso puede ser diferente para la misma persona en distintos momentos de su vida.

El filósofo griego Heráclito nos recordaba que, aunque el río sea el mismo, otras serán sus aguas. Es lo que se conoce como la filosofía heraclítea del cambio: cuando nos sumergimos en un río, su cauce continúa siendo el mismo que el día anterior. Sin embargo, el agua fluye continuamente, y por tanto será diferente cada vez que nos bañemos. Incluso las circunstancias serán distintas: quizá a primera hora esté helada, pero a mediodía la notemos más caliente gracias al efecto del sol. La fauna y la flora que se encuentran en su interior también han podido cambiar e, incluso, la persona que se baña es otra: la primera vez lo hizo con cierto miedo; la segunda, con gusto; y cuando lleva bañándose todo el verano en el mismo río, se siente como en casa, sus percepciones son distintas y es capaz de identificar detalles que había pasado por alto en ese primer baño. Exactamente lo mismo nos ocurre con la vida: esta se sucede ininterrumpidamente y el modo que tenemos de interpretarla depende de tantos factores que nunca lo haremos dos veces del mismo modo.

Lejos de lo que muchas personas imaginan, el pensamiento positivo no significa ver el mundo de color de rosa y alejarse de la realidad para sumergirse en un estado mental que nos permita ver solo lo positivo. Al contrario, nos ayuda a mantener una actitud optimista ante las diferentes situaciones de la vida y a convertir cada problema en una nueva oportunidad de aprendizaje. Implica un cambio de paradigma de pensamiento que nos sirve para afrontar los retos diarios desde una actitud de crecimiento y una mentalidad basada en la abundancia en lugar de en la escasez. Nos hace ver que, si otros lo han logrado, nosotros también podemos, e inspirarnos en el éxito de otras personas sin verlas como competidores o seres inalcanzables cuyo talento nos supera. Decía Thomas Edison que el éxito se compone de un uno por ciento de inspiración y un noventa y nueve por ciento de transpiración, es decir, que el esfuerzo tiene un peso mucho mayor en nuestros resultados que el talento mismo. Por tanto, escudarnos en la falta de talento solo nos sirve para justificarnos ante nuestra incapacidad para actuar.

Como han demostrado numerosos estudios psicológicos, los pensamientos tienen una incidencia directa sobre nuestras emociones. Por tanto, desde el momento en que seamos capaces de controlar lo que pensamos, también podremos cambiar cómo nos sentimos. Si pensamos que un hecho, por sí mismo, constituye una desgracia en nuestra vida, nos sentiremos desgraciados y actuaremos como tales. Asumiremos el papel de víctima frente a la vida, un rol desde el cual todo lo que sucede a nuestro alrededor es consecuencia del azar y la mala fortuna. En cambio, cuando aceptamos que tenemos un rol protagonista en nuestra vida, nos damos cuenta de que, sin importar lo que ocurra a nuestro alrededor y cuáles sean nuestras circunstancias, siempre contamos con un margen de acción. En lugar de lamentarnos por lo sucedido, buscamos nuevas soluciones.

Los pensamientos determinan nuestras emociones y, a su vez, nuestros actos. Así pues, ser conscientes de cuál es nuestro paradigma de pensamiento nos ayudará a decidir si nos resulta útil o no y, en función de nuestra respuesta, si lo mantenemos o si buscamos una perspectiva alternativa. Cuando nos planteamos si un pensamiento nos resulta útil, estamos enviando una señal al cerebro para que continúe prestándole atención o lo descarte. Si es un pensamiento inútil, nuestra mente dejará de recurrir a él. ¿Y cómo podemos saber si nos resulta útil? Preguntándonos, simplemente, si nos hace felices. Volvamos al ejemplo de las personas que sienten que no tienen éxito porque la suerte no les favorece. ¿Ese pensamiento los hace felices? Quizá los consuele, pero les impide que tomen la iniciativa en su vida para cambiar su situación. Por tanto, ¿es un pensamiento que les aportará felicidad? Desde luego que no, si se mantienen en esa misma idea, seguirán lamentándose y recreándose en su sufrimiento mientras se lamen las heridas. Pero eso no les hará ser más felices, es un pensamiento inútil.

¿Cómo logramos, entonces, controlar lo que pensamos y, con ello, nuestras emociones? En primer lugar, deberemos identificar cuáles son los pensamientos que suelen divagar por nuestra mente. ¿Cómo solemos hablarnos en nuestro diálogo interno? ¿Qué nos decimos ante un error o una adversidad? ¿Qué tipo de pensamientos nos paralizan? Dentro de estos pensamientos, encontramos lo que se conoce como creencias limitantes. Son aquellas ideas arraigadas en nuestra mente durante muchos años y que, como resultado, provocan que restrinjamos nuestras acciones o adquiramos un comportamiento determinado. Sol Sánchez, experta en *mindfulness* y gestión de las emociones, lo explicó así en una sesión especial en mi programa Hábitos Esenciales: «Lo que crees es lo que creas». Si desde nuestra infancia nos han insistido en que somos incapaces de lograr nada, tendremos que realizar un gran trabajo de desarrollo personal para superar estas ideas y atrevernos a refutarlas. Una de mis alumnas contó, en esta sesión grupal, cómo se había sentido cuando le ofrecieron un ascenso dentro de la empresa: «Creía que cualquier otra persona estaba mucho más preparada que yo para esa responsabilidad». Pero la realidad es que sus superiores vieron en ella unas capacidades que ni ella misma había podido reconocer. Y todo porque desde niña le habían dicho que ella no podía desarrollarlas. Por fortuna, tuvo la influencia positiva de otras personas en su vida, lo que le permitió superar esas creencias y esforzarse por crecer personal y profesionalmente.

Cuando tenemos identificado nuestro paradigma de pensamiento, el siguiente paso es decidir si este conjunto de ideas asociadas nos resulta útil. ¿Nos suman o nos restan en nuestra vida? Si nos hacen sentir peor, no tiene sentido que continuemos alimentando estas ideas que solo nos causan daño. En este caso, lo mejor que podemos hacer es sustituir estas creencias por otras que nos resulten más prácticas y efectivas. Si nos enfadamos con una persona, podemos ponernos en su lugar y empatizar con los motivos que la han llevado a actuar de un determinado modo. O, simplemente, podemos dejarlo correr y evitar darle mayor importancia al asunto. De esta forma, renunciamos a alimentar una emoción que no nos hace sentir bien.

Los pensamientos influyen en nuestras emociones y estas, a su vez, en las acciones que realizamos, pero no se trata de un proceso lineal que finalice con nuestros actos. Al contrario, es un ciclo que se repite continuamente y en el que las propias acciones también retroalimentan nuestros pensamientos. De este modo, pasamos del paradigma PENSAMIENTOS - EMOCIONES - ACCIONES que vimos en el capítulo anterior a un esquema circular como el que te muestro a continuación:

Como veremos en el próximo capítulo, nuestro cerebro es moldeable y flexible; esto quiere decir que está generando de forma inagotable nuevas conexiones neuronales basadas en aquello que experimenta. Nuestros hábitos tienen una incidencia directa sobre la estructura de nuestro cerebro, e incluso pueden modificar su tamaño. Por ejemplo, una mala calidad del sueño puede provocar que el cerebro se encoja, de acuerdo con un estudio de la Universidad de

Oxford.[9] En cambio, leer una novela de ficción aumenta las conexiones de las neuronas del lóbulo temporal izquierdo (vinculado al lenguaje) y las del surco central del cerebro (relacionado con las sensaciones físicas motoras), tal y como demostró la investigación publicada en la revista *Brain Connectivity*.[10] Cuantas más conexiones neuronales, mayor será el tamaño de nuestro cerebro y mejor calidad de vida tendremos: aumenta nuestra reserva cognitiva y reducimos el riesgo de sufrir enfermedades degenerativas. Pero, además, influye directamente en la calidad de nuestros pensamientos y nuestra capacidad para superar creencias limitantes o cambiar el paradigma que nos hace interpretar la realidad de una u otra forma. De este modo, entramos en un ciclo que nos permite tener mejores pensamientos; estos, a su vez, se traducirán en emociones y estados de ánimo que nos resultarán útiles una vez se hayan transformado en acciones que nos guíen hacia la vida que queremos vivir, y que, a su vez, tengan un impacto en la calidad de nuestros pensamientos.

9. Sexton, C. E., Storsve, A. B., Walhovd, K. B., Johansen-Berg, H., y Fjell, A. M., «Poor sleep quality is associated with increased cortical atrophy in community-dwelling adults», *Neurology*, 83(11), 9 de septiembre de 2014, pp. 967-973, < https://doi.org/10.1212/WNL.0000000000000774>.

10. Berns, G. S., Blaine, K., Prietula, M. J., y Pye, B. E., *Brain Connectivity*, diciembre de 2013, pp. 590-600, <http://doi.org/10.1089/brain.2013.0166>.

ACCIONES
EFICIENTES

MEJORES
PENSAMIENTOS

EMOCIONES
MÁS ÚTILES

Como hemos visto anteriormente, no se trata de distinguir entre emociones positivas y negativas, sino de identificar la utilidad que tienen para nosotros. Hay emociones que es necesario vivirlas y que no debemos tratar de esconder o reprimir porque no estén aceptadas socialmente. Recuerda: el dolor es inevitable, pero el sufrimiento es opcional, y este suele producirse cuando nos recreamos en pensamientos negativos que nos hacen sentir aún peor. Aprende a identificar cuáles son estos pensamientos que rondan tu mente y pregúntate con frecuencia: «¿Puedo sustituirlos por otras ideas?». Además, ahora que conoces cómo afectan tus actividades cotidianas a tus pensamientos y emociones, está en tu mano decidir si continúas actuando en el modo de piloto automático o si tomas la iniciativa e incorporas a tu vida aquellos hábitos que te ayuden a ser la persona que realmente deseas, esa que ya se encuentra en tu interior y que solo está esperando a que tengas el coraje de permitirle salir y brillar.

Además, en el siguiente capítulo te explicaré cómo funciona el condicionamiento mental y qué efecto tienen los rituales de hábitos en la automatización consciente de nuestros pensamientos. Generar esta automatización te permitirá actuar sobre tu vida evitando las espirales de pensamientos que no te llevan a ninguna parte. Incluso si un día amaneces sin ganas de salir de la cama y enfrentarte a tu jornada, tu ritual energizante te ayudará a ponerte en marcha de forma automática gracias al condicionamiento previo de tu mente que ya has realizado con antelación. Cuando por la noche sientas que no puedes dormir, tu ritual relajante te ayudará a prepararte para disfrutar de un sueño reparador. Y todo gracias al condicionamiento mental que veremos a continuación.

EJERCICIO PRÁCTICO
Sustituye tus creencias limitantes

Identificar nuestras creencias limitantes nos resulta útil para poder sustituirlas por otro tipo de pensamientos que potencien nuestras capacidades en lugar de coartarlas.

Toma una hoja de papel y dibuja una línea vertical que separe el espacio en dos columnas. A la izquierda, escribe todas aquellas creencias o ideas preestablecidas que seas capaz de identificar acerca de ti. Piensa en todas aquellas ocasiones en las que otras personas te han definido. ¿Qué solían decir de ti durante tu infancia, o incluso ahora? Quizá que eras una persona demasiado tímida o, por el contrario, que solías enfadarte con demasiada facilidad.

A la derecha, escribe una frase que sustituya esta creencia limitante.

Por ejemplo, puedes sustituir la creencia limitante «Soy demasiado torpe para conseguir mis objetivos» por «Con esfuerzo y perseverancia, puedo lograr lo que me proponga en esta vida».

RITUALES DE HÁBITOS
Sustituye tus creencias limitantes (capítulo 2)

Creencias limitantes

- Soy demasiado torpe para conseguir mis metas y objetivos

Nuevas creencias

- Con esfuerzo y perseverancia puedo lograr lo que me proponga

Es recomendable que nos reservemos un tiempo para realizar este ejercicio con tranquilidad. Podemos poner música instrumental de fondo y prepararnos nuestra bebida favorita, a fin de concentrarnos y dedicarle toda nuestra atención. De esta manera podremos trabajar sobre las creencias limitantes más arraigadas en nuestra mente.

Puedes hacer el ejercicio en este mismo libro, o acceder a través de mi página web a la plantilla de trabajo en PDF. También encontrarás varias listas de reproducción de música que he preparado para ayudarte a aumentar tu concentración:

www.ritualesdehabitos.com/ejercicios

Una vez terminado, te invito a convertirlo en un hábito que practiques con frecuencia. Cada vez que sientas que no te encuentras en armonía o que estás entrando en un bucle de pensamientos, pregúntate bajo qué perspectiva está funcionando tu mente y si puedes sustituir tus ideas por otras.

A MODO DE RESUMEN...

✓ Una mentalidad de éxito y abundancia nos ayudará a obtener mejores resultados, ya que nos permitirá situarnos en un paradigma de pensamiento capaz de identificar oportunidades y posibilidades de mejora.

✓ Todo lo que acontece en la vida, por sí mismo, es un hecho objetivo. Sin embargo, la interpretación que hacemos de ello es subjetiva y depende de nuestras creencias.

✓ El cerebro busca ahorrar energía continuamente, y para ello recurre a experiencias previas con la finalidad de catalogar como negativo o positivo lo que sucede de la forma más eficaz.

✓ El problema es que esto nos induce a automatizar nuestras ideas sin reflexionar sobre lo que expresan, y a caer en pensamientos que nos impiden avanzar.

✓ El pensamiento positivo nos ayuda a mantener una actitud realista ante la vida, buscando el aprendizaje continuo con cada experiencia, sin entrar a valorarla como buena o mala. Sencillamente, la vivimos.

✓ Los pensamientos determinan nuestras emociones y, a su vez, nuestros actos.

Capítulo 3

UNA MENTE AUTOMATIZADA DE FORMA CONSCIENTE

Si más personas entienden la estructura y las
funciones de su cuerpo, el cual está intrínseca-
mente influenciado por el sistema nervioso, y
se cuidan en las etapas tempranas de su vida,
entonces el período que vendrá después de los
cincuenta será más saludable y disfrutable.

MARIAN C. DIAMOND

Si has comido un apetitoso manjar delante de un perro,
habrás podido comprobar cómo saliva frente a ti pidién-
dote con su irresistible mirada que compartas una parte

de tu plato con él. Sus glándulas salivales se activan inmediatamente ante el olor de una buena comida, es inevitable. También nos pasa a los seres humanos. Y, si alguna vez hemos compartido nuestro día a día con un perro, habremos percibido que, cuando llega la hora de su comida y preparamos su plato, suele anticiparse a que se la sirvamos. De hecho, comienza a salivar incluso antes de que hayamos depositado ingrediente alguno sobre su cuenco. Se impacienta desde el momento en que nos oye cogerlo. En esta ocasión no hay olor que motive su salivación, pero se sigue produciendo. ¿Por qué los canes salivan incluso antes de percibir cualquier aroma del alimento que van a degustar? Esto mismo fue lo que se planteó Iván Pávlov mientras se encontraba embarcado en un estudio con perros. La respuesta a la pregunta es el condicionamiento clásico que Pávlov descubrió y que le valió el premio Nobel en 1904. Cada vez que les servía la comida, hacía sonar una campana, de modo que los canes asociaban el sonido con el alimento.

La salivación que inicialmente se producía por el plato de comida acababa identificándose con el tintineo de la campana. Después de algunas repeticiones, los perros salivaban solo con el sonido, sin necesidad de que apareciese el plato de comida. Había condicionado su mente. Con este estudio no solo quedó demostrado que era posible condicionar nuestro cerebro, sino que además Pávlov estableció las bases de la creación de nuevos hábitos.

ESTÍMULO ⇨ RESPUESTA ⇨ REFUERZO

No quiero adelantar acontecimientos, porque, antes de ver cómo las conclusiones de los experimentos de Pávlov derivaron en lo que hoy se conoce como psicología conductista y en el estudio del comportamiento humano, me gustaría que primero conociéramos el funcionamiento de nuestro cerebro. Así entenderemos mucho mejor cómo funciona la fórmula de creación de nuevos hábitos, por qué es imposible eliminarlos una vez creados y, sobre todo, cómo nos afecta el condicionamiento clásico a las personas. ¿Podemos reprogramar nuestra mente igual que hizo Pávlov con sus perros para que salivaran sin necesidad de percibir ningún alimento con sus sentidos?

Para responder a esta pregunta, primero tenemos que adentrarnos en nuestro cerebro y ser conscientes de su capacidad para cambiar y adaptarse a las circunstancias de acuerdo con nuestras experiencias: lo que hacemos define lo que somos. Cada práctica, hábito, e incluso cada pensamiento, produce una reacción química en el cerebro y va moldeándolo. Es lo que los científicos han dado en llamar neuroplasticidad, un descubrimiento reciente que ha abierto todo un mundo de posibilidades en las ciencias de la salud, ya que hasta entonces se pensaba que cualquier daño en el cerebro era irreparable. Hoy en día sabemos que no es así y que aquello que practicamos mejora nuestra capacidad cognitiva y disminuye las posibilidades de desarrollar enfermedades degenerativas. Por lo tanto, cuidar nuestros hábitos cotidianos resulta aún más interesante. Pero, además, esto nos demuestra que podemos modificar patrones de pensamiento que creíamos arraigados, e influir así en nuestras emociones y en nuestro estado de ánimo. Gracias a nuestras acciones podemos proveernos de la energía que necesitamos en cada momento.

Hasta los años sesenta, se pensaba que el cerebro solo experimentaba este tipo de modificaciones durante los primeros años de vida. El psicólogo William James fue el primero en plantearse, a finales del siglo xix, la posibilidad de que el cerebro fuera mutable: «La materia orgánica, especialmente el tejido nervioso, parece dotada de un extraordinario grado de plasticidad».[11] Asimismo, el doctor Santiago Ramón y Cajal avanzó en este sentido al investigar que las neuronas son entidades independientes y dinámicas, sentando las bases que habrían de llevarlo a ser considerado padre de la neurociencia. Sin embargo, la falta de medios le impidió demostrar sus hipótesis, y años después decidió dar un paso atrás y ser más cauto en sus afirmaciones, con la esperanza de que la ciencia pudiera demostrarlo en un futuro, cuando ello fuera posible.

Quien lo logró fue, en 1964, la científica Marian C. Diamond, quien —junto a sus compañeros Mark Rosenzweig, David Krech y Edward Bennett— aportó las primeras evidencias sólidas que confirmaban que esta plasticidad neuronal también se produce en los cerebros adultos.[12] Aunque se hizo mundialmente conocida por ser la primera científica en analizar el cerebro de Albert Einstein, en los años previos a este hito se centró en el estudio de la anatomía del cerebro y sus cambios. Para ello diseñó un

11. James, W., *The Principles of Psychology*, 2 vols., Nueva York, Henry Holt & Co., 1890.
12. Bennett, L., y Diamond, M. C., «Chemical and Anatomical Plasticity of Brain», *Science*, 1964, pp. 610-619.

experimento con ratas que fueron criadas en tres situaciones diferentes:

- En el grupo de control tuvieron una situación de crianza normal.
- En una segunda jaula de gran tamaño, colocó a doce de estas ratas para aumentar el estímulo social entre ellas e introdujo juguetes. Se encontraban en lo que Diamond denominó «un ambiente enriquecido».
- Finalmente, situó el resto de las ratas en jaulas de aislamiento donde se encontraban solas y sin ningún tipo de estímulos, en «un ambiente empobrecido».

Cuando analizaron el cerebro de todas ellas, Diamond y su equipo descubrieron que las ratas que se habían desarrollado en un ambiente enriquecido tenían una corteza cerebral más gruesa que las ratas que habían vivido en situación de aislamiento. El entorno y las actividades que habían practicado habían influido directamente en el crecimiento de su cerebro. En un ensayo publicado en 2007, esta científica definió cuáles eran los cinco factores que tenían mayor incidencia en el desarrollo del cerebro y en el enriquecimiento de las conexiones neuronales: la dieta, el ejercicio, los desafíos, la novedad y el amor.[13] Diamond descubrió que las ratas de laboratorio a las que transmitían cariño a través de caricias vivían más años que sus compañeras.

Gracias a estas investigaciones, hoy conocemos cómo la maleabilidad del cerebro favorece la creación de nuevos hábitos. Dicho de manera muy resumida, la neuroplasticidad es la capacidad que tiene el cerebro de establecer nuevas conexiones neuronales. Por ejemplo, al repetir una misma acción el número suficiente de veces. ¿Y qué es un hábito? Una actividad que repetimos una y otra vez de forma consciente hasta que conseguimos automatizarla en nuestra mente. Cuando esa nueva conexión se produce, el hábito se encuentra instaurado y nos resultará más sencillo ponerlo en práctica. De hecho, incluso podremos llegar a prescindir del estímulo inicial que antes mencionábamos y del refuerzo que acompaña a esta conducta. Con los rituales de hábitos, conseguimos exactamente lo mismo, que se generen una serie de conexiones neurona-

13. Rodríguez, M., «Marian Diamond, la extraordinaria científica que estudió el cerebro de Albert Einstein y nos dejó excelentes noticias sobre nuestro propio cerebro», *BBC News Mundo*, 21 de abril de 2019.

les que nos lleven a situarnos en el estado de ánimo que requerimos en cada momento. Como veremos más adelante, y quizá ya intuyas, la clave está en la repetición. Si practicas un ritual una sola vez, percibirás los efectos positivos de los hábitos que has incluido, pero no habrás conseguido condicionar tu mente. Para reprogramarla, la clave está en repetir tu ritual de hábitos hasta que quede integrado en tu cerebro.

Llegados a este punto, te preguntarás qué ocurre con los hábitos de los que queremos prescindir. Si nuestro cerebro es plástico y tiene la capacidad de generar nuevas conexiones, ¿por qué no podemos, simplemente, borrar aquellos hábitos de los que queremos deshacernos? Seguro que has oído alguna vez que es imposible eliminarlos del todo, solo podemos sustituirlos. Así lo determinaron los doctores que trataron a Eugene Pauly, un anciano que perdió sus capacidades cognitivas debido a una encefalitis viral que, aunque rara vez llega a dañar el cerebro, acabó con los recuerdos de este estadounidense. Tal y como explica Duhigg en *El poder de los hábitos*, su cuerpo se recuperó de forma extraordinaria en poco tiempo, pero su mente se vio afectada hasta tal punto que no recordaba ni siquiera el día de la semana en que se encontraba. Era incapaz de retener cualquier nueva información durante más de un minuto y tampoco tenía recuerdos de sus últimos treinta años. Sin embargo, era capaz de levantarse e ir al baño de su casa sin pensar dónde se encontraba, lo hacía de forma automática. También salía a pasear todas las mañanas por los alrededores de su hogar y volvía sin ningún problema, pero si le pedían que dibujara el mapa de su manzana o de su casa, simplemente se quedaba bloqueado y no podía hacerlo. El virus había atacado sus recuerdos y le había impedido almacenar nueva información, pero sus hábitos permanecían intactos.

Los hábitos quedan codificados en los ganglios basales, que se encuentran en lo que se conoce como *cerebro reptiliano*, la estructura más primitiva del cerebro, situada en su parte más profunda y, por tanto, más protegida. Los hábitos surgen de la necesidad de ahorrar energía que tiene el cerebro: toda rutina que repitamos con cierta frecuencia es susceptible de quedar automatizada. Si cada mañana tuviéramos que aprender de nuevo a lavarnos los dientes, atarnos los zapatos o arrancar el coche, resultaría agotador y sería imposible que pudiéramos centrarnos en otras actividades. Por ese motivo, resulta especialmente difícil deshacernos por completo de un hábito. Lo que sí podemos hacer es sustituirlo por otro aprovechando, precisamente, la neuroplasticidad. Al crear nuevos hábitos se producen nuevas conexiones neuronales gracias a las cuales podemos reemplazar un patrón por otro, manteniendo simplemente el mismo estímulo y refuerzo. Por ejemplo, si deseas dejar de fumar, puedes salir a caminar o meditar cada vez que sientas la necesidad de hacerlo. Lograrás calmar igualmente tu ansiedad, lo cual te proporcionará ese refuerzo positivo que necesitas, y estarás creando un hábito mucho más saludable.

Por motivos obvios, apenas encontramos estudios en los que se aplique el condicionamiento clásico a seres humanos, ya que se considera contrario a la ética de la experimentación científico. No obstante, en 1920, esta ética todavía no estaba tan desarrollada y John B. Watson junto con Rosalie Rayner decidieron demostrar que este condicionamiento no solo se producía en los animales, como en el ejemplo de los perros de Pávlov, sino también en las personas. Para ello, realizaron un experimento con el pequeño Albert. A este bebé de once meses le presentaron diferentes animales, incluida una rata blanca con la que interactuaba tranquilamente. A Albert parecía gustarle. Sin embargo, condicionaron su mente para que rechazase la rata blanca cada vez que apareciese. A tal fin, emitían un fuerte y desagradable sonido cuando la liberaban. El pequeño Albert acabó identificando el estruendo con el animal y, al final, solo con verlo se echaba a llorar. A través del condicionamiento clásico le habían provocado una fobia que anteriormente no existía. Los experimentos no continuaron porque su madre se negó a proseguir, y acabó mudándose a una ciudad desconocida donde no pudieran encontrarla.

De acuerdo con el condicionamiento clásico, también denominado «pavloviano», se produce un aprendizaje según el cual un estímulo neutro que no producía respuesta alguna acaba provocándola gracias a la conexión asociativa. Regresemos al perro de Pávlov para entenderlo mejor. Originariamente, la campana no producía ninguna respuesta en los canes que participaron en el estudio. Diríamos que se trataba de un estímulo neutro. Sin embargo, gracias a la repetición, acabaron identificando la campana con la llegada de la comida. He aquí nuestra conexión asociativa. Y, finalmente, el mero hecho de oír la campana suponía un estímulo lo bastante alto como para desencadenar la salivación que les producía el plato de comida. La campana pasó de ser un estímulo neutro a un estímulo condicionado gracias a la asociación de sonido = alimento.

Estos experimentos sirvieron para sentar las bases de la psicología conductista, una de las corrientes de estudio del comportamiento humano y animal más importantes que existen.

Dentro del condicionamiento clásico, Pávlov desarrolló un esquema de estímulos y respuestas que nos conviene conocer a la hora de crear nuevos hábitos y, sobre todo, de diseñar rituales que permitan condicionar nuestra mente para obtener los resultados deseados en nuestro día a día.

Estímulo y respuesta incondicionados

El Estímulo Incondicionado (EI) activa de forma automática una respuesta del organismo. En el experimento de Iván Pávlov, sería la comida que hacía salivar a los perros. La Respuesta Incondicionada (RI) se produce sin que hayamos tenido un aprendizaje previo. Para Pávlov esta respuesta consistiría en la cantidad de saliva segregada por los canes.

Otro ejemplo: cuando tocamos una superficie que está extremadamente caliente (EI), retiramos enseguida la mano sin que nadie nos haya enseñado a hacerlo (RI).

Es una reacción no consciente que evita que nos quememos.

Estímulo neutro

Como hemos visto, el Estímulo Neutro (EN) es aquel que no produce respuesta alguna. Para los perros de Pávlov, la campana no tenía ningún significado hasta que la asociaron a la comida.

Con el fin de conseguir un aprendizaje más eficaz, desde el conductismo se empieza por emparejar un Estímulo Neutro con un Estímulo Incondicionado hasta lograr que el primero acabe produciendo una respuesta: la campana (EN) se asoció a la comida (EI) para producir la salivación (RI).

Estímulo y respuesta condicionados

Finalmente, el Estímulo Condicionado (EC) es un estímulo neutral que consigue producir una respuesta por sí mismo. Es la campana una vez que los perros la asociaron a la comida y comenzaron a salivar automáticamente solo con escucharla.

Este estímulo produce una Respuesta Condicionada (RC), aquella que aparece solo cuando hacemos uso del Estímulo Condicionado. Volviendo al ejemplo: la cantidad de salivación producida con la campana sin necesidad de que haya comida.

La importancia de la repetición

Si bien es cierto que el condicionamiento pavloviano nos permite preparar nuestra mente y situarnos en el estado de ánimo deseado a través de los rituales de hábitos, debemos tener en cuenta la importancia de la repetición. Aunque es posible que la Respuesta Condicionada se produzca tras un único emparejamiento de un Estímulo Neutro con un Estímulo Incondicionado, lo normal es que necesitemos que este emparejamiento se produzca de forma reiterada.

Como veremos en el siguiente capítulo, al aplicarlo a los rituales de hábitos (EN), podremos percibir beneficios desde la primera vez que practiquemos nuestro ritual, ya que estará formado por hábitos saludables (EI). Sin embargo, es poco frecuente que la primera vez que lo practiquemos logremos situarnos en el estado de ánimo deseado (RC).

Entonces, ¿cuántas veces es necesario repetir un emparejamiento de este tipo para que aparezca la Respuesta Condicionada? Lejos de existir una respuesta estándar, nos encontramos con diversas variables que hacen que el condicionamiento clásico tarde más o menos en producirse. Entre las variables más comunes figuran la respuesta que se quiere condicionar, la intensidad de los estímulos y la propia persona, con sus circunstancias particulares.

Si la respuesta que queremos condicionar es sentir más energía por las mañanas, incluiremos hábitos que propicien este estado de ánimo de forma natural. Ahora bien, la intensidad de estos estímulos determinará cuánto tardaremos en obtener resultados: no es lo mismo practicar dos horas de ritual energizante cada mañana que hacerlo veinticinco minutos cada tres días. Y, del mismo modo, también influirán —aunque no serán determinantes— las circunstancias de cada persona: aquellas que sufran alguna condición que les provoca problemas graves de sueño tardarán más en ver los beneficios de su ritual. Acabarán lográndolo, pero deberán persistir en ello durante más tiempo y aumentar la frecuencia y la intensidad en la práctica de su ritual.

¿Cómo afecta el conductismo y, más concretamente, el condicionamiento clásico a la creación de nuevos hábitos? ¿Podemos condicionar nuestra mente para sentir una emoción concreta y situarnos en el estado de ánimo deseado a través de los rituales de hábitos?

Como veremos en el próximo capítulo, la psicología conductista ha tenido una gran influencia en el estudio de la creación y el desarrollo de nuevos hábitos. La fórmula que hoy seguimos para incorporar este tipo de acciones a nuestra vida nace del modelo de comportamiento diseñado por el conductismo.

Del mismo modo, el esquema del condicionamiento clásico que hemos visto con detenimiento en las páginas anteriores nos ayudará a crear rituales de hábitos que desencadenen una respuesta condicionada que nos permita lograr el estado de ánimo que nos hemos propuesto, bien sea tener más energía para afrontar la jornada, bien sea relajarnos antes de irnos a dormir para disfrutar de un sueño reparador.

A MODO DE RESUMEN...

✓ La neuroplasticidad del cerebro le permite cambiar para adaptarse a las modificaciones del entorno. Por eso podemos afirmar que lo que hacemos define lo que somos.

✓ Los estudios sobre el condicionamiento clásico de Pávlov demostraron que es posible producir una acción automática en los animales, determinada previamente por un estímulo que no se encontraba asociado de forma natural. Es el ejemplo de la campana y la salivación de los perros antes de recibir el plato de comida.

✓ Este condicionamiento no solo se produce en los animales, sino que también tiene lugar en el cerebro humano.

✓ El Estímulo Incondicionado provoca una Respuesta Incondicionada, es decir, respondemos de forma natural: retiramos la mano al tocar una superficie excesivamente caliente.

✓ El Estímulo Neutro no produce ninguna respuesta en nuestro cerebro. Sería la campana que Pávlov tocaba antes de que sus perros la asociaran a la comida.

✓ El Estímulo Condicionado provoca una Respuesta Condicionada, de manera que actuamos automáticamente ante un detonante. Es lo que sucede cuando suena la alarma del despertador y nos levantamos de inmediato, sin pensarlo.

✓ Para crear nuestros rituales de hábitos, recurrimos al condicionamiento clásico y a la psicología conductista para provocar una respuesta en nuestro cerebro que nos ayude a situarnos en el estado de ánimo que necesitamos en cada momento.

Capítulo 4

HÁBITOS QUE CONDICIONAN NUESTRA MENTE Y NUESTRO ESTADO DE ÁNIMO

Los hábitos que, en un principio, pueden parecer pequeños y poco significativos se transformarán en resultados extraordinarios si tienes la voluntad de mantenerlos durante varios años. (...) La calidad de nuestra vida depende de la calidad de nuestros hábitos.

JAMES CLEAR

Yo siempre bebía medio litro de agua nada más levantarme. Y, de repente, un día fui incapaz de hacerlo. Me entraban náuseas solo con intentarlo. Era el primer paso de mi ritual matinal energizante y fui incapaz de identificar por qué se había producido ese cambio en mi cuerpo. Simplemente, lo acepté y empecé a beber agua más despacio, dando pequeños sorbos a lo largo de la mañana. Continué con mi ritual como cada día, escribiendo mis páginas matinales. Este hábito me ayuda a practicar un tipo de meditación *mindfulness* activa en la que plasmo mis pensamientos e ideas sobre el papel, concretamente en tres páginas de una pequeña libreta tamaño cuartilla. Es uno de mis hábitos esenciales favoritos, ya que me permite despertar mi mente a primera hora de la mañana y liberarla de pensamientos para dejar fluir mi creatividad. Cuando cerré mi libreta como cada mañana, me dispuse a estudiar.

En mi ritual energizante incluyo una hora de formación para las diferentes materias que me ayudan a crecer profesionalmente. Son libros y cursos en línea que me activan la mente, de manera que me sirven para disponerme a afrontar el día mientras adquiero aprendizajes que me sirven para mi negocio. Las lecturas de ficción, en cambio, suelo dejarlas para la tarde, cuando busco relajarme. No recuerdo qué estudié aquel día, pero sí que, cuando finalicé, me dispuse a hacer mi rutina habitual de ejercicios. Ya tenía puesta la ropa de deporte para evitar cualquier excusa y mover el cuerpo. Llevaba algunos meses probando una aplicación móvil con la que practicaba una serie de ejercicios bastante exigente. Al principio me había resultado muy difícil seguir el ritmo, pero poco a poco lo estaba consiguiendo. Mi pareja, que ha sido deportista profesional y todavía mantiene el ejercicio como hábito frecuente, se sorprendía al verme practicar ejercicios tan intensos a buen ritmo. Nunca lo había hecho, pero aquella mañana lo logré.

Sin embargo, pocos días después fui incapaz de poner en práctica mi rutina deportiva. Me mareaba con facilidad y me resultaba imposible realizar ninguno de los ejercicios de mi serie. Decidí probar suerte con la bicicleta estática, pero no tenía suficiente resistencia, me costaba respirar. Así que, al final (y con cierta frustración), hice algunos estiramientos de yoga, medité y me fui a la ducha. Durante el resto de la semana me sentía especialmente cansada y no pude completar mi serie habitual ni un solo día, de modo que la sustituí por una práctica más suave. ¿Qué me pasaba? ¿Por qué mi cuerpo, de repente, no me respondía? Al lunes siguiente lo pude averiguar: estaba embarazada.

Durante los restantes meses de embarazo, mi energía fue oscilando. El primer trimestre se caracterizó por un cansancio extremo y unas náuseas que me impedían iniciar mi mañana de forma habitual. Lo intenté durante varias semanas, pero acabé abandonando mi ritual matinal. Simplemente, no tenía energía para hacerlo. Solo quería dormir, mi cuerpo necesitaba ese descanso. Sin embargo, a pesar de dormir más, no me sentía con suficiente energía para afrontar el día a día. No solo eso: me levantaba de mal humor y empezar el día implicaba realizar un gran esfuerzo. Mis circunstancias habían cambiado, pero aún podía ejercer cierto control sobre mis pensamientos y, por tanto, sobre mis emociones. Así que decidí poner en práctica un pequeño experimento conmigo misma. ¿Qué ocurriría si cambiaba los hábitos de mi ritual energizante, pero mantenía el objetivo que me había marcado al practicarlo? Recuperando la narrativa del condicionamiento clásico, lo que pretendía era mantener el Estímulo Condicionado (mi ritual matinal) modificando los Estímulos Incondicionados asociados a este (los hábitos) para provocar la misma Respuesta Condicionada (mi estado de ánimo).

Decidí adaptar mi ritual energizante de la mañana para

responder a las necesidades de mi cuerpo, modificando algunos de los hábitos que había incluido: mantuve escribir mis páginas matinales, pero sustituí el ejercicio físico intenso por un suave paseo. Como necesitaba dormir más, dejé el estudio para la tarde y, a fin de poder afrontar las náuseas, comía algo sólido al levantarme en lugar de tomar directamente medio litro de agua, que seguía siendo incapaz de ingerir como antes.

No solo modifiqué el Estímulo Incondicionado, sino que también cambié el orden de los hábitos que practicaba. El resultado fue asombroso: en un par de días noté un aumento de energía que me permitió hacer frente a las prioridades de mi día a día.

En las dos semanas anteriores durante las cuales no había practicado ningún tipo de ritual, me había resultado imposible concentrarme en el trabajo y sacar adelante mis tareas. Sin embargo, desde el momento en que recuperé mi ritual, logré alcanzar el estado de ánimo que pretendía. Como te puedes imaginar, mi máximo de energía durante el primer trimestre de embarazo seguía siendo inferior al máximo que alcanzaba antes de estar embarazada. Pero, aun así, era muy superior a lo que había conseguido en las semanas sin ritual. Pongamos que, antes del embarazo, lograba un ciento por ciento de mi energía gracias a mi ritual energizante. Cuando lo abandoné, bajé a un 25 por ciento, y en el momento en el que lo recuperé, aumenté a un 65 por ciento.

Una vez que hemos creado y fijado un ritual que nos ayude a obtener un resultado determinado, este continuará funcionando incluso si cambian las circunstancias que lo rodean. Solo debemos adaptarlo a dichas circunstancias modificando los hábitos que lo conforman, pero primero habremos tenido que repetirlo muchas veces y haber logrado condicionar nuestra mente.

El condicionamiento clásico en nuestros rituales de hábitos

Ahora que ya conocemos las bases del condicionamiento clásico, podemos entender mejor cómo estimular nuestra mente para que produzca la respuesta que necesitamos en el momento adecuado.

Como hemos visto en capítulos anteriores, nuestras emociones están determinadas por nuestros pensamientos y, en consecuencia, por la propia mente. Crear un ritual de hábitos nos permite actuar en modo automático, independientemente de cuáles sean nuestros pensamientos. Por tanto, al diseñar nuestros rituales con el fin de condicionar nuestra mente, lo que haremos será asociar la práctica de una serie de hábitos a un estado de ánimo concreto.

Tomando prestado el esquema del condicionamiento clásico de Pávlov, estamos asociando la práctica de este ritual (Estímulo Neutro) a los beneficios que nos aportan los hábitos cuando los practicamos individualmente (Estímulo Incondicionado) con el fin de sentir una emoción previamente elegida (Respuesta Condicionada), como puede ser tener más energía, alcanzar un estado de alta concentración o llegar a diferentes niveles de relajación, dependiendo de si queremos dar una charla en público o dormir.

Inicialmente, el ritual en sí mismo es un estímulo neutral, ya que con anterioridad nunca hemos practicado esta serie de hábitos, repetidos en el mismo orden y con un objetivo concreto en mente. Esta es la diferencia entre un ritual y una rutina, pues para el primero fijamos una respuesta condicionada que deseamos alcanzar.

La primera vez que practiquemos nuestro ritual, nos sentiremos bien gracias a los hábitos que la conforman, pero quizá no identifiquemos la respuesta que estamos buscando. Es posible que los primeros días de tu ritual energizante aún sientas el cansancio de haber madrugado, especialmente si te levantas antes de lo habitual para practicarlo. Sin embargo, será la repetición frecuente de este ritual la que nos permita lograr el condicionamiento mental que deseamos.

Como hemos visto en el capítulo anterior, el tiempo que tardemos en conseguir que este condicionamiento se produzca dependerá de diferentes variables, entre las cuales podemos destacar tres principalmente:

1. La complejidad de la respuesta que queremos lograr.
2. La intensidad de los estímulos o hábitos que incluyamos en nuestro ritual.
3. Las circunstancias individuales de la persona que desee crear el condicionamiento.

En cualquier caso, la repetición frecuente del ritual será clave para lograr la respuesta que deseamos alcanzar.

Por otro lado, cuando diseñamos nuestro ritual, lo hacemos incluyendo una serie de hábitos cuyos beneficios ya conocemos. Por ejemplo, sabemos que el ejercicio físico produce las llamadas «hormonas de la felicidad»: dopamina, serotonina, endorfinas y encefalinas. Hablaremos de ellas en el capítulo 7, donde compartiré contigo una completa guía de hábitos que te ayudará a elegir cuáles son los mejores para tu ritual en función de la respuesta que deseas conseguir.

Lo que sí podemos afirmar ahora es que la práctica de ejercicio es un Estímulo Incondicionado, ya que no controlamos la segregación de estas sustancias por parte de nuestro cuerpo. Sin embargo, se producen gracias a la práctica de diferentes actividades entre las que se encuentra el propio ejercicio.

Finalmente, del emparejamiento del Estímulo Neutro (el nuevo ritual) con los Estímulos Incondicionados (los hábitos que lo conforman), obtenemos una Respuesta Condicionada que nace de la práctica frecuente de nuestro ritual, y que se ve reforzada por las diferentes Respuestas Incondicionadas de los hábitos que lo conforman, es decir, por los efectos beneficiosos que cada hábito nos proporciona individualmente:

NUEVO RITUAL (EN) + HÁBITOS ELEGIDOS (EI)

=

ESTADO DE ÁNIMO DESEADO (RC)

Esto nos permitirá, durante esos días en que sentimos una baja motivación, alcanzar el estado de ánimo que nos hemos propuesto gracias a la práctica de nuestro ritual. Incluso si disponemos de menos tiempo para practicarlo o las condiciones no son las idóneas, el hecho de repetir una serie de acciones que identificamos con el ritual que hemos diseñado provoca el efecto deseado. Por eso podemos afirmar que se trata de una Respuesta Condicionada.

Al igual que mi ritual energizante de la mañana me permitió recuperar una buena parte de mi energía durante el primer trimestre de embarazo, una de mis alumnas logró reactivarse por las mañanas tras meses sin practicar su ritual matinal. Rocío participó en la primera edición de mi programa Hábitos Esenciales. Pese a no haber hecho ejercicio en su vida, consiguió incorporar este primer hábito, primero dedicándole cinco minutos al día a una tabla de estiramientos y, posteriormente, aumentando la intensidad de la rutina hasta llegar a los cuarenta minutos de ejercicio cardiovascular diario. Rocío era una alumna excepcional, que asistía a todas las sesiones en directo que incluimos en el programa. Además, participaba activamente en la comunidad compartiendo ideas con sus compañeras y no marcaba como concluida una lección hasta que había hecho todos los ejercicios y se había leído todo el material complementario. Sin embargo, un día desapareció de forma repentina. Debido a problemas de salud, tuvo que dejar de lado el curso y también sus hábitos. Pero antes de abandonarlo todo de manera forzosa, se había propuesto mantener el ejercicio y crear un ritual matinal que en pocos minutos le ayudase a cargarse de energía y a no ir como una zombi al trabajo. Y lo estaba consiguiendo. Así lo cuenta ella: «Le expliqué a Lucía lo que hacía todas las mañanas antes de irme a trabajar y cómo me sentía al llegar a la oficina. Supo decirme exactamente los pasos que tenía que dar para llegar al trabajo con más energía y ser productiva desde primera hora de la mañana. Tengo que reconocer que los primeros días me costó, pero a la semana ya fui notando los cambios y lo hacía casi sin esfuerzo».

Pero, resultó que, debido a sus problemas de salud, no

podía ni hacer ejercicio ni trabajar porque estaba de baja. Estuvo dos meses así, hasta que afortunadamente experimentó una completa mejoría y pudo recuperar su rutina diaria. ¿Qué ocurrió cuando le sonó el despertador el primer día de vuelta al trabajo?

«A principios de septiembre, comencé de nuevo a trabajar, y desde el minuto uno, tras sonar el despertador, mi cerebro se activó y puso en marcha mi ritual matinal como si nunca hubiera dejado de hacerlo. ¡Es alucinante el poder de retención de los hábitos!»

Y no solo eso: también se apuntó a pilates y a natación para recuperar el tono muscular perdido en los meses de baja. Ella, que nunca había hecho ejercicio antes de entrar en el programa Hábitos Esenciales y que había abandonado sus hábitos durante dos meses. Como te puedes imaginar, compartir esta historia contigo me llena de orgullo.

¿Es posible recuperar un hábito o reactivar un ritual de forma tan sencilla cuando hemos pasado meses sin practicarlo? Rocío es prueba de ello y tiene una explicación: cuando los hábitos se han fijado, es prácticamente imposible borrarlos de nuestro cerebro. No los podemos eliminar. Incluso en personas que han sufrido daños cerebrales profundos, sus hábitos se mantienen. Por eso, cuando queremos deshacernos de un hábito, la mejor forma de lograrlo es sustituyéndolo por otro.

La psicología conductista ha estudiado con detenimiento cómo se crean y se sustituyen los hábitos en nuestro cerebro. Recordemos que un hábito es una acción que repetimos de manera automática e inconsciente. Y son mucho más frecuentes de lo que inicialmente podemos pensar. Según un estudio de la Universidad de Duke,[14] el 40 por ciento de las acciones que realizamos en un día determinado son hábitos: el modo en que nos lavamos los dientes o nos atamos los zapatos, el lugar en el que depositamos las llaves al llegar a casa o la acción que solemos realizar al sentarnos en el sofá (por ejemplo, tomar el mando a distancia y encender automáticamente el televisor).

Aunque prácticamente la mitad de nuestras acciones diarias son hábitos que ya se encuentran registrados en nuestro cerebro, seguimos disponiendo de espacio suficiente para incorporar todos los que necesitemos, como

14. Verplanken, B., y Wood, W., «Interventions to Break and Create Consumer Habits», *Journal of Public Policy and Marketing* 25, (1), 2006, pp. 90-103; Neal, D. T., Wood, W., y Quinn, J. M., «Habits – A Repeat Performance», *Current Directions in Psychological Science* 15, (4), 2006, pp. 198-202.

hacer ejercicio, meditar, comer de forma saludable o leer a diario.

Para la creación de hábitos, seguimos una fórmula (Señal - Acción - Recompensa) que el periodista Charles Duhigg dio a conocer en su libro *El poder de los hábitos*, y que nace, precisamente, de los estudios de la psicología conductista, en concreto de lo que se ha llamado el ABC del Comportamiento (*Antecedent, Behaviour, Consequence*), que algunos autores de habla hispana han rebautizado como el Modelo ACC (*Antecedentes, Comportamiento, Consecuencias*).

Antecedentes

Dentro de los antecedentes, se encuentran los desencadenantes que facilitan que el hábito se produzca. Por ejemplo, si cada vez que acudimos a un examen médico pasamos por delante de una pastelería que desprende un delicioso aroma y en cuyo escaparate se muestran unos magníficos cruasanes, es muy posible que acabemos comprando uno. Encontramos dos desencadenantes, uno visual y otro olfativo. Si esta acción la repetimos con frecuencia, llegará un momento en que se convierta en un hábito y acabaremos entrando automáticamente a por nuestro cruasán sin mirar el escaparate ni reparar en el olor. Es más, incluso si aparcamos en otra calle, es muy posible que acabemos desviándonos del camino para acudir a nuestra pastelería favorita. El hecho de acudir a nuestro análisis pasa de ser un Estímulo Neutral a un Estímulo Condicionado o, dicho de otro modo, la señal que desencadena que compremos el cruasán ya no es el aroma ni el escaparate, sino el simple hecho de ir al médico.

COMPORTAMIENTO

El comportamiento constituye el hábito en sí, es decir, la acción que desempeñamos. Cuando queremos crear un nuevo hábito, al igual que cuando diseñamos nuestro ritual, debemos definir cómo será concretamente. De nada nos sirve que queramos hacer más ejercicio porque, en ese caso, aunque solo practicáramos cinco minutos más al día, estaríamos cumpliendo con nuestro objetivo, y con toda probabilidad el reto que teníamos en mente era mayor. Necesitamos especificar qué tipo de ejercicio vamos a realizar, y con qué duración y frecuencia. Igual ocurre si queremos leer más (¿cuántas páginas o minutos más al día?), comer de forma más saludable (¿qué significa eso exactamente para nosotros?) o meditar (¿qué tipo de meditación, por ejemplo?).

Consecuencias

Finalmente, las consecuencias de un determinado comportamiento son las que determinan que volvamos o no a repetirlo. Cuando el hábito en sí mismo nos produce una agradable sensación de bienestar, es más probable que insistamos en practicarlo que si resulta una experiencia traumática. Aún recuerdo cuando en el gimnasio decidí probar una clase de *body jump*, un tipo de ejercicio cardiovascular intenso con camas elásticas individuales. Visto desde fuera, parecía divertido (¿a quién no le gustaba saltar en las camas elásticas en su niñez?), pero una vez dentro parecía más propio de un entrenamiento militar altamente exigente. Decidí salirme de la clase a la mitad y, por supuesto, nunca tuve la intención de repetirla.

A la hora de diseñar nuestro ritual de hábitos, deberemos elegir aquellos que nos hagan sentir bien y que estén enfocados a provocar en nuestra mente la respuesta que nos hemos puesto como objetivo. Si creamos un ritual repleto de hábitos que nos incomodan y nos hacen sentir mal, será imposible que logremos el efecto deseado.

Cuando el hábito nos hace sentir bien, es más probable que repitamos, y aquí es donde entra en juego lo que los psicólogos llaman «refuerzo positivo», que consiste en recompensar con algún tipo de premio nuestro comportamiento. En mi programa Hábitos Esenciales, enseño que este tipo de recompensas pueden ser internas o externas. Cada vez que practiquemos nuestro ritual, dedicaremos un minuto a percibir la satisfacción interna que nos ha producido. ¿Cómo son nuestras sensaciones? ¿Cuál es nuestro nivel de energía? ¿Cómo nos ha ayudado nuestro ritual a situarnos en el estado de ánimo que anhelábamos?

Además, podemos potenciar este refuerzo positivo con una recompensa externa que nos sirva para premiar la repetición del ritual de hábitos. Por ejemplo, si hablamos de un ritual diario, podemos concedernos un premio a los siete días, a los catorce, a los treinta y a los sesenta días. ¿Qué tipo de recompensa? Aquella que te haga sentir bien y que, sin embargo, pocas veces te permitas.

Como hemos visto, crear un ritual de hábitos nos ayudará a condicionar nuestra mente para obtener una respuesta previamente elegida que nos facilite actuar en el modo de piloto automático de forma consciente. En este caso no son los pensamientos los que determinan nuestras emociones, sino que conseguimos provocar la emoción que hemos decidido experimentar a través de un ritual de hábitos que realizamos con frecuencia.

Con los rituales de hábitos lograremos evitar caer en la espiral de pensamientos que a menudo nos paraliza y nos impide actuar. En lugar de recrearnos en el bucle de ideas que nos frena para levantarnos por las mañanas y nos hace sentir que no somos capaces de enfrentarnos a lo que tenemos por delante, actuaremos de forma automática. Repetiremos cada uno de los hábitos de nuestro ritual y, al finalizarlo, sentiremos el impulso de energía habitual.

Pero ¿en qué situaciones podemos crear un ritual de hábitos? ¿Solo nos sirve para levantarnos por las mañanas con más energía? Como veremos en el próximo capítulo, los rituales de hábitos resultan útiles para cualquier respuesta condicionada que queramos provocar en nuestro cerebro: concentrarnos para desarrollar una tarea altamente exigente, salir a un escenario a hablar en público, relajarnos por la noche antes de dormir para evitar el insomnio o prepararnos para adquirir un aprendizaje acelerado al leer un libro.

EJERCICIO PRÁCTICO
Crea tu listado de recompensas

Curiosamente, uno de los mayores retos para las alumnas de mis programas Hábitos Esenciales y FOCUS es encontrar recompensas para sus hábitos u objetivos logrados. Por eso, creo importante que determines cuáles serán tus refuerzos positivos, es decir, qué premios te concederás cada vez que superes un nuevo hito de repetición con un ritual diario, como pueden ser el energizante o el relajante.

Toma una hoja de papel y divídela en cuatro recuadros. En el cuadrado de arriba a la izquierda escribe 7 días; a la derecha, 14 días; abajo a la izquierda, 30 días y, finalmente, 60 días en el recuadro restante. Si lo prefieres, puedes descargar la plantilla gratuita que te he preparado desde www.ritualesdehabitos.com/ejercicios.

En cada uno de estos recuadros, escribe las recompensas con las que te obsequiarás. Por ejemplo, una sesión de spa en casa, una escapada de fin de semana, comer en un restaurante que te encante, ir a tu cafetería favorita o comprarte algo que te ilusione. Los productos de papelería suelen ser de los favoritos de mis alumnas para sus recompensas.

RITUALES DE HÁBITOS
Crea tu listado de recompensas (capítulo 4)

A los 7 días

- Desayunar en mi cafetería favorita

A los 14 días

- Sesión de spa en casa

A los 30 días

- Comprarme esa crema que tanto me gusta

A los 60 días

- Escapada de fin de semana

A MODO DE RESUMEN...

✓ Como vimos al comienzo de este libro, los pensamientos determinan nuestras emociones y estas, a su vez, nuestros actos.

✓ Los rituales de hábitos nos permiten condicionar nuestra mente para que esta continúe actuando de modo automático, con el ahorro energético que ello supone para nuestro cerebro, pero decidiendo de forma consciente cómo nos queremos sentir.

✓ Antes de iniciarlo, todo ritual de hábitos constituye un Estímulo Neutro, ya que todavía no tiene ninguna respuesta asociada en nuestro cerebro.

✓ La repetición es clave, ya que nos permite lograr el condicionamiento mental que estamos buscando.

✓ A la hora de elegir los hábitos que forman parte de este ritual, nos decantaremos por aquellos que ya tienen un efecto sobre nosotros. De este modo, aprovecharemos la Respuesta Incondicionada que nos ofrecen los hábitos de forma individual para reforzar la Respuesta Condicionada que estamos buscando con el ritual completo.

✓ Cuando fijamos un ritual de hábitos en nuestra mente, sus efectos permanecen incluso si lo abandonamos durante un tiempo. Ello se debe a que es imposible eliminar un hábito de nuestro cerebro. Al recuperar el ritual, también logramos sentir sus efectos.

✓ La fórmula de creación de hábitos nace de la psicología conductista, más concretamente, del ABC del Comportamiento (*Antecedent, Behaviour, Consequence*).

Capítulo 5

CUÁNDO ES ÚTIL UN RITUAL DE HÁBITOS

Tu nivel de éxito pocas veces superará tu nivel de desarrollo personal, porque el éxito es algo que atraes gracias a la persona en la que te conviertes.

Jim Rohn

Para Laura Opazo, experta en moda, presentadora de televisión y autora del libro *Armario sostenible*,[15] los días comienzan con una buena ducha, tal y como me explicó

---

15. Opazo, L., *Armario sostenible*, Barcelona, Zenith, 2020.

cuando le pregunté sobre un ritual que fuese importante para ella: «No empiezo a trabajar sin hacerlo, soy incapaz, clarifica mis ideas». También suele beber un vaso de agua con limón: «Supongo que ambas cosas van en la línea de limpiar, purificar y detoxificar el cuerpo y las ideas, y las tengo muy asociadas, me ayudan mucho». El último paso de su rutina matinal consiste en revisar su planificación para el día: «Me gusta organizar en la agenda una serie de pasos para seguir el día en cuestión y me gusta ir siguiéndolos y tachándolos a medida que los ejecuto. Me hace sentir la progresión en la consecución de objetivos y me ayuda a seguir un orden preciso». Además, cuando termina de trabajar, siempre limpia su mesa con un trapo y un producto especial para el cuidado de la madera: «Así la dejo lista para el día siguiente». Seguir este ritual en su día a día le ayuda a organizarse mejor, a sentir un mayor equilibrio y a controlar el estrés: «Ya que no puedo manejar el exterior, al menos sí el interior».

No es la única persona que sigue un ritual matinal que repite cada día. De hecho, en Internet encontramos múltiples rituales, cada uno de ellos diferente, encaminados a empezar la mañana con la energía que necesitamos para afrontar los retos que se presenten. Si haces una búsqueda rápida en YouTube, encontrarás decenas de ejemplos de personas de todo el mundo (incluidos mis vídeos). Y cada uno de estos rituales es distinto de los demás. Muchos de ellos comparten hábitos, e incluso el orden en que se practican, pero cada persona incorpora sus propias modificaciones y adaptaciones para hacer aún más suyo el ritual que va a seguir. La mayoría de los rituales matinales incluyen el ejercicio físico como práctica habitual, pero el tipo de rutina que se sigue es diferente en cada persona: ejercicio cardiovascular, ir al gimnasio, salir a correr o hacer yoga en casa. Las opciones son tan amplias y variadas como personas existen en el mundo, porque no solo cambia el tipo de ejercicio, también la intensidad, la frecuencia o el tiempo que le dedicamos.

El autor, conferenciante y *coach* Hal Elrod popularizó, en su libro *Mañanas milagrosas*,[16] el ritual matinal S.A.L.V.A.vi.D.as, palabra formada con las siglas de hábitos como el Silencio, las Afirmaciones, la Lectura, la Visualización, las Anotaciones y el Deporte. Desde entonces muchas personas han decidido levantarse más temprano para poner en práctica todas estas actividades con

16. Elrod, H., *Mañanas milagrosas*, Barcelona, Zenith, 2016.

el objetivo de aumentar su energía. Como afirma Steve Pavlina en su artículo «The Rudder of the Day»,[17] publicado en su blog, tal y como lo recoge Elrod en su libro: «Se dice que la primera hora es el timón del día. Si actúo con pereza o desorden durante la primera hora después de despertarme, suelo tener un día perezoso y poco centrado. Pero si hago un esfuerzo para que la primera hora sea lo más productiva posible, el resto del día tiende a imitar este patrón». No son los únicos autores que han escrito acerca de los beneficios del ritual matinal. También Robin Sharma, autor del archiconocido best seller internacional *El monje que vendió su Ferrari*, publicó a finales de 2018 *El club de las 5 de la mañana*,[18] donde nos proponía levantarnos antes del amanecer para dedicar la primera hora del día a nuestro desarrollo personal siguiendo la Fórmula 20/20/20, de la que hablaremos más adelante.

Los rituales matinales tienen tanta presencia en los medios de comunicación, libros, artículos de blog y vídeos en YouTube que podría darnos la sensación de que

17. Pavlina, S., *Blog de Steve Pavlina*, obtenido de *The Rudder of the Day*, 2 de mayo de 2005, <https://www.stevepavlina.com/blog/2005/05/the-rudder-of-the-day/>.
18. Sharma, R. S., *El club de las 5 de la mañana*, Barcelona, Grijalbo, 2018.

solo podemos usar el poder de estos rituales para llenarnos de vitalidad por las mañanas. Sin embargo, como hemos visto al hablar de la psicología conductista, podemos diseñar un ritual de hábitos para cada ocasión, con el objetivo de condicionar nuestra mente y situarnos en el estado de ánimo que precisamos en cada escenario. De hecho, los rituales nocturnos son tan importantes como los rituales matinales, pues tanto unos como otros constituyen las dos caras de una misma moneda, aunque de ahora en adelante llamaremos a ambos rituales energizantes y relajantes.

En mi experiencia como formadora y conferenciante en hábitos y productividad consciente, me he encontrado con que muchas personas trabajan por turnos y deben utilizar ambos rituales en horarios diferentes a los habituales para relajarse antes de dormir o llenarse de energía al levantarse, independientemente de si es por la mañana, por la tarde o si ya ha anochecido. Contar con este tipo de rutinas les ha ayudado a mantener cierto orden en su vida, a pesar de los cambios de hora, ya que dotan a su cerebro de estructuras coherentes a las que aferrarse. Así que, si te encuentras en esta situación, un buen ritual energizante que practiques al levantarte y un ritual relajante para antes de ir a dormir pueden ayudarte a regular tu energía. También te resultarán muy útiles para combatir el *jet lag* en caso de que lo necesites.

¿Por qué el ritual energizante y el ritual relajante conforman las dos caras de una misma moneda? Por la sencilla razón de que, si queremos empezar a madrugar para poner en práctica esos hábitos que nos llenan de energía, necesitaremos acostarnos pronto y así dormir las horas suficientes. Es imposible que por la mañana nos sintamos como personas enérgicas si durante la noche no hemos dormido las horas que necesitamos. Así que olvídate de dedicar menos horas a tu sueño para levantarte antes. Si este es tu objetivo, deberás integrar un ritual relajante que te permita acostarte más temprano y disfrutar de un sueño reparador.

Uno de los hábitos más populares entre las alumnas de mi programa Hábitos Esenciales es empezar a levantarse a las cinco de la mañana. Sin embargo, se trata de uno de los hábitos más exigentes, ya que implica un cambio total de rutinas que empieza por acostarnos antes y adelantar todo nuestro horario, incluido el momento de cenar. Por supuesto que es posible lograrlo: la mayoría de las personas que se lo proponen seriamente lo consiguen, independientemente de cuál sea su cronotipo. La cronobiología es la ciencia encargada del estudio de los ciclos circadianos, que implican una serie de cambios físicos, mentales y conductuales en las veinticuatro horas que dura un día, y que se ven especialmente afectados por las horas de luz. Las personas, los animales, las plantas, e incluso los microbios, funcionamos de acuerdo con estos ciclos. ¿Te cuesta levantarte de la cama por las mañanas o, más bien al contrario, amaneces cada día con una gran energía? ¿Sientes que por las noches tu creatividad es mayor, o cuando llega la hora de la cena eres incapaz de concentrar tu mente en cualquier actividad? El motivo de uno y otro comportamiento se encuentra, precisamente, en el cronotipo al que perteneces de manera natural. Se suele hablar de tres clases de personas:

- **Alondra (o matutino):** con mayor energía a primera hora de la mañana
- **Colibrí (o vespertino):** aquellos que sienten mayor pico de energía a mediodía
- **Búho (o nocturno):** quienes experimentan una mayor actividad por las noches

Sin embargo, cada vez es más frecuente esta clasificación basada en cuatro animales:

- La mayoría de las personas pertenecen al **cronotipo del oso**, es decir, su ciclo de sueño se encuentra sincronizado con el sol, no tienen problemas para dormir y su pico de productividad suele producirse antes del mediodía.

- Aun así, hay muchas personas a las que les cuesta levantarse por las mañanas: estas pertenecen al **cronotipo del lobo**. Sus niveles de actividad se encuentran al máximo a mediodía y vuelven a aumentar de nuevo a media tarde.

- Encontramos el ejemplo contrario en el **cronotipo del león**, que incluye a todas aquellas personas que se levantan antes del amanecer y que son mucho más productivas durante la mañana. Cuando aún no han dado las 10 de la noche, el león ya empieza a tener sueño.

- Finalmente, aquellas personas que no siguen ningún horario de sueño pertenecen al **cronotipo del delfín**. Suelen ser personas creativas que también experimentan problemas de insomnio.

¿Por qué el 50 por ciento de la población son osos? Por una sencilla razón: han tenido que adaptar su cronotipo al horario habitual de trabajo. Lo ideal es que podamos introducir cambios en nuestra rutina para acercarnos lo máximo posible a nuestro cronotipo natural. No siempre es posible modificar la hora a la que nos acostamos, pero sí planificar las actividades más exigentes desde el punto de vista mental en las horas de mayor productividad. Además, cuando debamos adaptarnos a horarios distintos de los de nuestro cronotipo, nuestros grandes aliados serán un ritual relajante y otro energizante.

El objetivo de uno y otro ritual queda bastante claro: necesitamos relajar nuestra mente antes de irnos a dormir para evitar el insomnio y disfrutar de un sueño profundo que nos facilite descansar, mientras que al levantarnos buscamos llenarnos de energía para afrontar la jornada con una disposición positiva que nos permita mantener nuestro buen estado de ánimo durante todo el día. Curiosamente, las personas que integran ambos rituales y comienzan a levantarse a las cinco de la mañana se sorprenden de cómo reaccionan su cuerpo y su mente. Al contrario de lo que pensaban en un principio, lejos de sentirse más cansadas por levantarse más temprano, sienten que cada vez tienen más energía y que esta les dura todo el día. Sin embargo, no necesitas madrugar tanto para sentir los efectos de estas dos rutinas: basta con que quieras dormir mejor por las noches y amanecer con mayor vitalidad por las mañanas.

De acuerdo con un estudio realizado en 2018 por la Sociedad Española de Neurología,[19] entre un 20 y un 48 por ciento de los adultos españoles tienen dificultad para iniciar o mantener el sueño en algún momento de su vida, y aproximadamente el 20 o el 25 por ciento de los niños sufre algún tipo de trastorno del sueño. Y aún hay más: un 32 por ciento de la población española se despierta con la sensación de no haber tenido un sueño reparador, y un 35 por ciento afirma finalizar el día muy cansado. Si buscamos información en algunos países de Latinoamérica, nos encontraremos con que los medios recogen cifras muy similares. Ante estos problemas de insomnio, incorporar un ritual relajante que contribuya a mejorar la calidad del sueño se hace cada vez más necesario. Como ya sabemos, un mal sueño debilitará las conexiones neurona-

---

19. Al menos un 1 por ciento de la población española sufre algún trastorno de sueño crónico y grave. Obtenido de la web de la Sociedad Española de Neurología, <https://www.sen.es/saladeprensa/pdf/Link236.pdf>.

les que se producen en el cerebro, empequeñeciendo su tamaño y afectando a las capacidades cognitivas, entre otras consecuencias.

Pero más allá de estos rituales relajante y energizante asociados al momento previo y posterior a nuestro sueño, existen otro tipo de respuestas que podemos condicionar gracias a la repetición de nuestros hábitos en una secuencia concreta. Resultan especialmente útiles cuando nos encontramos ante objetivos exigentes que requieren que demos el ciento por ciento, sentimos que la falta de motivación nos invade con cierta frecuencia y nos impide afrontar los retos del día a día, o si buscamos mejorar la productividad para lograr el máximo rendimiento con el mínimo esfuerzo. Recordemos que los hábitos son automatizaciones que se producen en el cerebro para que este pueda ahorrar energía, y así centrarse en lo de verdad importante. Cuando creamos rituales específicos para objetivos concretos, somos capaces de enfocar nuestra atención y nuestros pensamientos en aquello que queremos conseguir, independientemente de que la motivación nos acompañe o no.

Cómo afrontamos los objetivos más exigentes

Hay momentos en la vida en que podemos encontrarnos con grandes retos profesionales o personales. Quizá busquemos ascender en la empresa para la que trabajamos, hayamos decidido emprender nuestro propio negocio o estemos estudiando una carrera o unas oposiciones mientras trabajamos. Es posible que nos hayamos quedado embarazadas y nuestra energía no sea la de siempre, como me ocurrió a mí en el primer trimestre de embarazo, o que estemos lidiando con una situación familiar difícil que nos absorbe la mayor parte de nuestra energía.

Muchos de estos retos se presentan sin aviso previo y provocan que los cimientos sobre los que habíamos asegurado nuestra estabilidad emocional y mental empiecen a desequilibrarse. De repente, trabajamos más de lo que deberíamos o dedicamos poco tiempo a nuestro descanso, nos ponemos a nosotros en un lugar por detrás de todo lo demás y dejamos de dedicar tiempo a nuestro autocuidado. Lejos de rechazar estas situaciones, debemos aceptarlas, abrazarlas y atravesarlas en vez de evitarlas y tratar de pasar de puntillas. Seguro que tienen un gran aprendizaje que ofrecernos; y entonces, desde esta aceptación, podremos crear rituales de hábitos que nos ayuden a mantener una rutina coherente, y que a la vez proporcionen cierto orden a nuestro día a día y nos permitan disponer de ese tiempo a solas, aunque solo sean quince minutos.

Cuando muchas de mis alumnas me comentan que durante el puerperio se quedan sin tiempo para ellas porque deben atender a su bebé, y se sienten incapaces de seguir un ritual de hábitos, las entiendo perfectamente. Debemos aceptar que nuestro bebé nos necesita más que nunca y que, aunque no nos lo parezca, estamos siendo más productivas que nunca al alimentarlo, cuidarlo y proporcionarle nuestro cariño. Es una etapa que suele pasar muy rápido y que, con el tiempo, recordamos con añoranza. Por tanto, en lugar de evitarla, vívela al máximo y disfrútala. Tenemos toda la vida para crear rituales de hábitos y solo unas semanas para vivir todo por primera vez con nuestro recién nacido.

No obstante, en el momento en que empecemos a disfrutar de mayor independencia (por pequeña que sea), podremos crear un breve ritual que nos permita disponer de ese tiempo para nosotras mismas, y así aumentar nuestros niveles de energía en un momento especialmente exigente de la vida. Quizá este ritual no incluya ejercicio físico ni largas horas de dedicación, pero sí puedes escribir un diario en el que expreses cómo te sientes y practicar unas respiraciones conscientes para liberar tu mente. Son pequeños hábitos que nos permiten reconectar con nosotras mismas y mejorar nuestro estado de ánimo, a pesar de los nuevos desafíos diarios y de las largas noches sin dormir.

Por lo tanto, debemos aceptar que las circunstancias de nuestra vida puedan cambiar, y que incluso —de forma puntual— debamos dejar a un lado nuestras rutinas o practicar una versión muy reducida de estas. Sin embargo, regresaremos a los rituales de hábitos tan pronto como podamos, sobre todo si hemos de afrontar objetivos especialmente exigentes. Con frecuencia, en estas situaciones solemos dejarlo todo de lado: dormimos menos, comemos peor y dejamos de practicar aquellos hábitos que nos ayudaban a sentir mayor vitalidad. Y debería de ser justamente al contrario: en estos momentos es cuando tenemos que cuidarnos más para reunir la energía que precisamos con vistas a afrontar los retos del día a día. Rediseña tus rituales energizante y relajante si es necesario y adáptalos a la nueva situación. Será la mejor herramienta con la que contarás para lograr lo que te propongas sin perderte por el camino.

Rituales frente a la falta de motivación

Una de las preguntas que más me han repetido en los vídeos que subo a mi canal de YouTube está relacionada con la motivación: qué hacer cuando estamos desmotivados, y cómo aumentarla para llevar a cabo esas actividades que no nos apetecen nada. Con frecuencia, pensamos que es la falta de motivación o autodisciplina la responsable de que no pongamos en práctica nuevos hábitos, y eso nos da una excusa perfecta para seguir procrastinándolos: *ya lo haré cuando me sienta motivado* es lo mismo que pensar que debes estar inspirado para realizar cualquier trabajo creativo. Los artistas trabajan, con o sin musas de por medio. Aparecen en sus estudios a una hora determinada, se sitúan frente a su obra durante un tiempo concreto y trabajan en esta. Quizá, al día siguiente, den marcha atrás y eliminen todo lo que habían avanzado, pero forma parte del proceso creativo: construir, destruir, reconstruir, todo forma parte de la obra y es lo que permite que esta llegue al público tal y como la conocerá. Del mismo modo, no podemos esperar a que nos llegue la motivación para ponernos en marcha, precisamente porque la falta de motivación se retroalimenta y, si caes en ese bucle, es muy difícil que te levantes un día con ganas de comerte el mundo y hacer todo lo que habías estado posponiendo. Más bien al contrario, seguirás postergándolo, arrepintiéndote de hacerlo, y entrarás en un círculo vicioso del que resulta difícil salir.

La motivación nace de tus motivos, así que en primer lugar plantéate por qué quieres incorporar un ritual de hábitos a tu vida, de qué forma te ayudará y qué lograrás gracias a este. En este sentido, te recomiendo poner en práctica el ejercicio de los porqués enlazados, donde vamos vinculando cada respuesta con la pregunta siguiente. Te lo explico con un ejemplo:

1. *¿Por qué quiero crear un ritual de hábitos?* Por ejemplo, podremos responder que lo hacemos porque queremos sentir mayor vitalidad a primera hora. Ante eso, nos preguntaremos:
2. *¿Y por qué quiero sentir una mayor vitalidad por las mañanas?* Quizá digamos que lo hacemos porque nos cuesta mucho arrancar y no nos da tiempo de terminar nuestro trabajo antes de mediodía.

3. *¿Y por qué quiero terminar mi trabajo antes de mediodía?* Porque emprendí para ser dueña de mi tiempo y quiero tener las tardes libres.

4. *¿Y por qué quiero tener las tardes libres siendo dueña de mi tiempo?* Porque quiero pasar tiempo de calidad con mis hijos sin renunciar a mi carrera profesional.

5. *¿Y por qué quiero pasar tiempo de calidad con mis hijos?* Porque son una prioridad en mi vida y quiero vivir con ellos cada etapa.

Este ejercicio nos permite llegar al verdadero motivo que nos pone en acción: en el presente ejemplo, queremos crear un ritual de hábitos energizante para así trabajar mejor por las mañanas y tener las tardes libres para pasarlas con nuestros hijos. Ahora sí tenemos una buena razón de peso para poner en práctica nuestro ritual incluso cuando nos dé un poco de pereza levantarnos cuando suene la alarma antes de lo habitual. No obstante, una vez integrados nuestros rituales de hábitos, sea para el objetivo que sea, pocas veces necesitaremos recurrir a nuestros motivos para encontrar motivación. Simplemente los habremos automatizado, y ni siquiera nos plantearemos el hecho de no practicarlos. En el momento en que se active la señal que hayamos elegido como detonante, nos pondremos en marcha.

Sin buenos hábitos, no hay productividad

Para terminar, hemos visto que los rituales de hábitos son especialmente útiles cuando buscamos ser personas más productivas en nuestro día a día. ¿Qué significa aumentar nuestra productividad? Lejos de lo que muchas personas piensan, no nos referimos a hacer más y tachar más tareas en menos tiempo, no es trabajar más deprisa ni sacar adelante más trabajo. Una persona más productiva es aquella que prioriza, planifica y protege su tiempo para lograr más invirtiendo menos horas. Es lo que yo denomino la ley del mínimo esfuerzo y el máximo rendimiento. Para conseguirlo, los hábitos desempeñan un papel fundamental, ya que nos permiten automatizar procesos en el ámbito personal y profesional, de modo que no tengamos que dedicar tanto tiempo a la toma de decisiones y podamos ahorrarlo en las tareas cotidianas. Por ejemplo, si adquirimos el hábito de revisar nuestro correo electrónico una o dos veces al día, en lugar de comprobarlo todo el rato, podremos concentrarnos más en otras tareas de mayor exigencia y evitaremos distraernos continuamente. Lo mismo si eliminamos el hábito de mirar el teléfono móvil de forma frecuente o adquirimos la práctica de dejarlo fuera de la habitación, en un cajón o en modo avión.

Con los rituales de hábitos, además de sistematizar este tipo de acciones, preparamos la mente para alcanzar un mayor nivel de concentración, evitar la procrastinación y hacer lo que nos proponemos en el tiempo que hemos determinado para ello. Programamos la mente para alcanzar su máximo rendimiento y evitar las distracciones. Como veremos más adelante, podemos contar con hábitos específicos que nos ayuden a aumentar la concentración y a mantenerla a lo largo de una jornada de trabajo. También contamos con rituales que favorecen el aprendizaje, e incluso que nos ayudan a hablar en público con mayor facilidad. Como siempre, de lo que se trata es de identificar qué tipo de trabajo debemos realizar y cómo queremos que sea nuestra energía. No es lo mismo prepararnos para un día de sprint, donde debemos sacar mucho trabajo en muy poco tiempo (por ejemplo, el día antes de irnos de vacaciones), que hacerlo para una maratón, en la que debemos empezar a trabajar temprano por la mañana y sabemos que terminaremos tarde. Del mismo modo es distinto prepararse para un trabajo creativo que para otro tipo de tareas más mecánicas. Según como sea el tipo de productividad que necesitamos, así será nuestro ritual.

Susana Torralbo es publicista, formadora y asesora en comunicación y marketing digital. Cuando necesita enfrentarse a un proyecto exigente de su negocio, como escribir algo importante (los guiones de sus cursos, por ejemplo), grabar vídeos, impartir una clase magistral o hacer una sesión de fotos, cuenta con su propio ritual: «Me calma los nervios, me hace tener una actitud más positiva si surgen imprevistos, despierta mi creatividad y me permite tener más confianza en mis habilidades y en el resultado final», tal y como me contó cuando le pregunté por qué lo practicaba. Como veremos en el capítulo final de este libro, el ritual de Susana va más allá de ser un ritual energizante que repite todas las mañanas para su día a día. Está especialmente diseñado para llenarse de confianza y seguridad en sí misma y para liberar su creatividad, de manera que pueda ofrecer su mejor trabajo en esa actividad especial que debe afrontar.

Existen tantos rituales de hábitos como respuestas deseemos condicionar. Son muchos los artistas que siguen una serie de ejercicios antes de saltar al escenario para dar el ciento por ciento en un concierto. También los grandes conferenciantes tienen sus rituales antes de enfrentarse a su audiencia.

En el documental *No soy tu gurú*,[20] podemos observar buena parte del ritual que sigue Tony Robbins antes de presentarse ante los asistentes de su gran evento anual en Miami, *Date with Destiny*. Este documental nos brinda la oportunidad de conocer todo lo que sucede en el seminario al que cada año acuden cientos de personas, y resulta muy interesante ver cómo se prepara Robbins. De este modo, vemos al *coach* y conferenciante meditando en su hogar antes de dirigirse al seminario, e incluso dando algunos saltos sobre una pequeña cama elástica para llenarse de energía (¿recuerdas las hormonas de la felicidad de las que hablamos en el capítulo anterior?) antes de salir al escenario.

Los rituales de hábitos nos sirven para condicionar nuestra mente y provocar una respuesta que hemos definido previamente. De ti depende elegir cuál quieres que

20. Berlinger, J. (dir.), *Tony Robbins: No soy tu gurú*, 2016.

sea esa respuesta y qué hábitos vas a incluir en tu ritual para lograrlo. Quizá tu objetivo sea empezar por añadir un ritual energizante y otro relajante, pero también podrás optar por otro para prepararte y aumentar tu seguridad cuando tengas que hablar en público o impartir un seminario en línea, para mejorar tu concentración antes de trabajar, o incluso para disminuir tu procrastinación.

¿Cómo podemos crear nuestro ritual de hábitos paso a paso? ¿Cuáles son las actividades que debemos incluir? ¿Cuánto debe durar un ritual para que sea efectivo? Todas las respuestas a estas preguntas que ahora te surgen las encontrarás en el capítulo siguiente.

EJERCICIO PRÁCTICO
¿Para qué necesitas un ritual?

Como hemos visto, existen multitud de situaciones en las que un ritual de hábitos puede resultarnos útil para adquirir el estado de ánimo y la energía que necesitamos con vistas a afrontar una situación concreta.

Recupera el listado de emociones y pensamientos asociados del ejercicio que hiciste en el primer capítulo de este libro. ¿Cuántas de esas emociones se repiten a diario? Durante una semana, te propongo realizar un seguimiento de las emociones que sientes. Para llevar un registro de estas, te invito a descargar la plantilla gratuita que te he preparado e imprimirla tantas veces como necesites: www.ritualesdehabitos.com/ejercicios.

Con este ejercicio conseguirás identificar qué emociones se activan en tu mente con frecuencia y en el modo de piloto automático. Un ritual de hábitos te ayudará, por ejemplo, a vencer la pereza al despertarte o a seguir trabajando después de comer, superar la inquietud cuando intentas dormir o concentrarte si tu mente se distrae.

RITUALES DE HÁBITOS
Para qué emociones necesitas un ritual (capítulo 5)

Hora	Emoción	Qué lo produjo
11.00	Falta de concentración	Siento mucho cansancio
19.30	Saturación mental	Demasiados «marrones» en el trabajo

A MODO DE RESUMEN...

✓ Las rutinas matinales que funcionan como rituales energizantes cada vez son más frecuentes. Aunque habitualmente incluyen la práctica de ejercicio físico, todas ellas son diferentes de acuerdo con su duración, los hábitos escogidos y el orden en el que se practican.

✓ Grandes autores como Hal Elrod o Robin Sharma han popularizado diferentes tipos de rutinas que pueden servir de inspiración para principiantes.

✓ Aunque los rituales energizantes de la mañana son los más populares, la realidad es que podemos crear un ritual para cada ocasión, con el objetivo de situar nuestro estado de ánimo donde lo necesitamos.

✓ Los rituales relajantes (o rutinas nocturnas) son tan importantes como los energizantes, ya que nos permiten disfrutar de un buen descanso, evitar el insomnio y, con ello, un desajuste energético.

✓ Existen diferentes cronotipos que se corresponden con los niveles de descanso y actividad de cada persona: conocer el nuestro nos ayuda a adaptar nuestras rutinas en la medida de lo posible, y así aumentar nuestra productividad.

✓ Además, los rituales energizantes y relajantes nos permitirán seguir un horario diferente al de nuestro cronotipo cuando sea necesario, para poder seguir un orden en nuestras rutinas.

✓ Los rituales de hábitos son especialmente útiles en tres situaciones: cuando afrontamos grandes retos, nos falta motivación o deseamos aumentar nuestra productividad.

Capítulo 6

CÓMO CREAR TU RITUAL
DE HÁBITOS PASO A PASO

Cada vez que le das al botón de repetición
del despertador, te resistes contra tu día,
contra tu vida y contra despertarte y crear la
vida que afirmas querer.

HAL ELROD

Empecé a levantarme a las seis de la mañana de manera
sistemática cuando decidí iniciar mi propio negocio mientras trabajaba como responsable de Contenidos Digitales
de los canales internacionales de Antena 3 y Atreseries.
Primero dedicaba treinta minutos al día a avanzar con las
tareas de mi incipiente negocio y, conforme fue creciendo,

amplié este tiempo hasta que llegó un punto en que le dedicaba todo mi tiempo libre, fines de semana al completo incluidos. Esto me permitió dejar mi empleo en un año y dedicarme por entero a mi empresa.

Corría el año 2016 y aún no había oído hablar de los rituales energizantes ni de las *Mañanas milagrosas* de Hal Elrod. Tampoco Robin Sharma había lanzado *El club de las 5 de la mañana*, y en YouTube no había demasiados rituales matinales. Mi único objetivo era crear tiempo donde pensaba que no lo tenía para avanzar con las tareas de mi nuevo negocio. De hecho, al principio ni siquiera sabía adónde me conduciría, pero sentía que era lo que debía hacer para vivir la vida que deseaba.

Fue al cabo de un tiempo, ya plenamente volcada en mi negocio, cuando descubrí que algunas de las *youtubers* empresarias a las que seguía se levantaban a las cinco de la mañana. La primera que me lo descubrió fue Amy Landino, una de mis referentes en esta plataforma, con quien además comparto uno de mis hábitos esenciales: las páginas matinales, una práctica recomendada en el libro *El camino del artista*[21] que tiene como objetivo liberar la mente

---

21. Cameron, J., *El camino del artista*, Barcelona, Penguin Random House, 2015.

y desatar nuestra creatividad. Empecé a investigar y me encontré con otras muchas mujeres, dueñas de sus negocios, que también seguían esta práctica y hablaban de los beneficios que les proporcionaba: comenzar el día bajo sus propios términos, condicionar su energía y aumentar su productividad. Decidí probar suerte y, durante algunos meses, seguí el mismo ritual que algunas de ellas. Poco a poco fui adaptándolo a mis necesidades, incluyendo aquellos hábitos que sentía que mi cuerpo y mi mente necesitaban.

Más adelante, cuando ya había creado mi ritual, conocí el método S.A.L.V.A.vi.D.as de Hal Elrod, del que ya hablamos en el capítulo anterior, y también la Fórmula 20/20/20 de Robin Sharma, que consiste en lo siguiente: veinte minutos de movimiento, veinte minutos de reflexión y veinte minutos de crecimiento o aprendizaje. Ambos autores proponen desarrollar una serie de hábitos concretos durante un tiempo específico y siempre en el mismo orden. Este tipo de fórmulas cerradas pueden ser un buen punto de partida, pero en mi experiencia con las mujeres a las que asesoro en mis programas y formaciones, he observado que es mucho más efectivo que cada persona diseñe su ritual en función de sus necesidades particulares.

Cada persona es diferente, así como sus circunstancias, y lo que suele suceder con las fórmulas cerradas es que tendemos a frustrarnos cuando no somos capaces de seguirlas al pie de la letra. Por eso lo que yo te propongo es que crees tu ritual partiendo de la respuesta que quieres alcanzar.

En el último capítulo de este libro encontrarás múltiples ideas de rituales diseñados por mí para ayudarte a provocar una respuesta condicionada en tu mente. Siéntete libre de seguirlos paso por paso si lo deseas, y de modificarlos cuando así lo necesites. Lo habitual es comenzar imitando el ritual de otra persona y, posteriormente, adaptarlo hasta encontrar uno a tu medida.

También puedes optar por diseñar tu ritual desde cero y paso a paso. De hecho, es importante que conozcas cómo hacerlo, ya que es posible que en ocasiones te encuentres sin referentes que imitar para obtener la respuesta que buscas. Como hemos visto a lo largo de este libro, existen tantos rituales como personas y es posible que, en algún momento, desees provocar una respuesta condicionada en la que nadie haya pensado o que, simplemente, ninguna persona haya compartido su ritual en público.

Empieza por el final

A la hora de diseñar tu ritual de hábitos, deberás comenzar por definir cuál es la Respuesta Condicionada que deseas provocar, es decir, cómo quieres sentirte cuando finalices este ritual. ¿Buscas aumentar tu concentración? ¿Sentir una mayor seguridad y confianza de cara a una reunión importante? ¿Relajarte antes de hablar en público? ¿O llenarte de energía antes de salir al escenario?

Cuando tenemos claro el objetivo que deseamos alcanzar, resulta más sencillo elegir cuáles serán los hábitos que nos permitirán dirigirnos hacia esa meta en concreto. Si intentamos hacerlo al revés, avanzaremos sin saber muy bien hacia dónde.

Por eso lo primero es tener claro qué respuesta buscamos obtener con este ritual.

Continúa con la duración media de tu ritual

Nuestros rituales pueden ser tan largos o cortos como necesitemos que sean. Para provocar una respuesta concreta no es necesario que tengan una duración determinada. En el caso de los rituales energizantes, por ejemplo, hay personas que les dedican tres horas, mientras que otras optan por hacerlos en quince minutos, y todas logran los resultados que se han propuesto.

Por consiguiente, cuando diseñes tu ritual, y una vez conozcas qué respuesta quieres provocar, deberás decidir cuánto tiempo dedicarle. Es más, incluso puedes dividir tu ritual en dos partes si así te resulta más fácil de integrar. Por ejemplo, pongamos que el objetivo que buscas alcanzar es aumentar tu seguridad para dar una conferencia frente a una audiencia. En este caso, podrías crear una primera parte de tu ritual que tuviera una duración mayor y que llevarías a cabo la misma mañana del día del evento y, posteriormente, una segunda parte con una duración de solo unos minutos, que te permitiera recuperar esa energía en los instantes previos a tu salida al escenario. El capítulo final de este libro incluye algunos de estos rituales divididos en dos partes.

En función del tiempo del que dispongas para tu ritual, incluirás unos hábitos u otros, y su intensidad será diferente. Si cuentas con una hora o más para ponerlo en práctica y deseas incluir el hábito del ejercicio, podrás dedicarle veinte o treinta minutos sin problemas. Pero si solo dispones de quince minutos, tu ejercicio deberá limitarse a la práctica de algunos movimientos concretos: cardiovasculares si pretendes oxigenarte y llenarte de energía, o estiramientos suaves si buscas relajarte.

Elige los hábitos de tu ritual

Puede que estemos llegando a la parte más difícil para la mayoría de las personas que deciden diseñar su ritual desde cero: elegir qué hábitos les ayudarán a provocar la respuesta que buscan en su mente. Muchas de ellas se bloquean en este punto porque desconocen cuáles son los beneficios fundamentales de cada uno de los hábitos que podrían practicar e, incluso, ni siquiera saben de la existencia de dichas actividades. Si ese es tu caso, te recomiendo que te inspires en los hábitos que encontrarás descritos en el capítulo siguiente.

Si ya conoces cuál es el estado de ánimo para el cual deseas condicionar tu mente, solo tendrás que elegir aquellos hábitos que te ayuden a lograr esa emoción en concreto. Por ejemplo, si tu objetivo es llenarte de energía, en tu ritual integrarás hábitos que te proporcionen esa sensación. Escribir un diario o una serie de afirmaciones contribuirá a despejar tu mente, hacer ejercicio oxigenará tu cerebro y aumentará la secreción de las llamadas hormonas de la felicidad, mientras que practicar una respiración consciente te permitirá adoptar una actitud más proactiva y menos reactiva ante las diferentes situaciones que se te presenten. Cuando creamos un ritual para hablar en público, por una parte queremos calmar los nervios que esta situación puede producirnos y, por otra, disponer de la suficiente energía como para motivar al auditorio que nos espera. Si pusiéramos en práctica el mismo ritual relajante que realizamos antes de irnos a dormir, acabaríamos por provocar sueño también a nuestra audiencia, y ese no es el efecto que buscamos. Así pues, deberemos elegir hábitos que disminuyan nuestro estrés y que, a su vez, nos transmitan la suficiente energía. ¿Ahora entiendes por qué Tony Robbins comienza meditando y acaba su ritual saltando sobre una cama elástica? Es lo que le permite tener control sobre sus pensamientos y situar su energía justo donde la necesita.

Tu Ritual Mínimo Viable

Una vez tengas clara la duración media de tu ritual y conozcas los hábitos que formarán parte de este, te aconsejo que diseñes una versión más corta del mismo a fin de poder realizarlo en menos tiempo si así lo necesitas. Pongamos que sigues un ritual que dura una hora y te ayuda a provocar esa respuesta condicionada que buscas. ¿Qué ocurre si un día tienes menos tiempo? No queremos que te bloquees y condiciones tu mente en negativo entrando en un bucle de pensamientos que te alejen de tu objetivo. Por eso diseñamos una versión más corta que puedas llevar a cabo en cualquier lugar.

El Ritual Mínimo Viable (RMV) es una adaptación del concepto de Hábito Mínimo Viable (HMV) que extrapolé del mundo del marketing (donde se utiliza el Producto Mínimo Viable) y que enseño en mi programa Hábitos Esenciales. Nos permite mantenernos fieles a nuestros hábitos, evitando excusas para saltárnoslos. Si, por ejemplo, nos hemos propuesto leer treinta minutos diariamente y un día nos encontramos con que no disponemos de ese tiempo, podremos hacer uso de nuestro HMV y leer solo cinco minutos. No se trata de utilizar este mínimo a diario, porque entonces se convertiría en nuestra Práctica Media (PM), pero sí de usarlo en días durante los cuales practicar nuestro hábito nos resulta más difícil.

Con los rituales sucede lo mismo, debemos tener un plan B con el que contemos si nuestras circunstancias nos impiden realizar su práctica habitual. En este sentido, no solo lo adaptaremos en tiempo, sino también en herramientas. Regresemos al ejemplo del ritual para hablar en público. Pongamos que has incluido el ejercicio físico dentro de los hábitos que forman parte de este ritual y que, en casa, cuentas con una serie de materiales que no puedes llevarte cuando viajas para dar conferencias en otras ciudades, como unas pesas o una bicicleta estática. En este RMV deberás contemplar que solo dependas de ti para ponerlo en práctica, de modo que puedas adaptar tu rutina de ejercicio para hacerla únicamente con el propio peso de tu cuerpo. De esta forma jamás te bloquearás y podrás realizarlo en cualquier momento.

El tiempo del RMV debe ser un 25 por ciento del que dediquemos a nuestro ritual habitual, es decir, si siempre le dedicamos sesenta minutos, nuestro RMV será de quince minutos. ¿Y si originalmente solo duraba esos quince minutos? Pues entonces crea una versión reducida de cuatro o cinco minutos. Si has diseñado un ritual tan corto es porque sabes que tendrás poco tiempo para practicarlo. ¿Qué ocurre si dispones de menos tiempo todavía? Nada, porque contarás con tu RMV.

¿Cómo puedes adaptar tu ritual para facilitar su práctica en cualquier situación? Mantén el mismo número de hábitos y el orden en que los practicas para que tu mente pueda identificarlos con facilidad, pero reduce el tiempo que le dedicas a cada uno de ellos. Para lograrlo, puedes reutilizar el mismo hábito o cambiarlo por otro que te ofrezca un beneficio similar. Veámoslo con un ejemplo:

Ritual energizante original (60 minutos)	Ritual energizante adaptado (15 minutos)
– Beber agua (<1 minuto)	– Beber agua (<1 minuto)
– Páginas matinales (20 minutos)	– Página de visualización (3 minutos)
– Lectura (15 minutos)	– Lectura (5 minutos)
– Ejercicio (20 minutos)	– Ejercicio cardio (5 minutos)
– Meditación (5 minutos)	– Respiración consciente (1 minuto)

Como puedes comprobar en esta tabla, hemos mantenido el agua, la lectura y el ejercicio. Sin embargo, hemos decidido sustituir las páginas matinales por una única página donde realicemos una visualización de cómo será el día, y la meditación por un minuto de respiración consciente.

El HMV que enseño a mis alumnas de mi programa Hábitos Esenciales es una de las soluciones que más disfrutan y que les permite mantener sus hábitos independientemente de las circunstancias que las rodean. Te aseguro que tú también te acabarás enamorando de tu propio RMV.

Para diseñarlo, necesitas conocer cuáles son los hábitos que conformarán tu ritual original y de qué manera puedes adaptarlos a la práctica mínima viable. Pero ¿cómo podemos elegir correctamente estos hábitos? ¿Cuáles son las actividades que necesitamos practicar para condicionar una respuesta determinada? En el siguiente capítulo comparto contigo una completa guía de hábitos que puedes poner en práctica en tus rituales en función del efecto que busques conseguir.

Antes de continuar, recuerda el orden en que debes diseñar tu ritual:

1. Empieza por el final: define cuál será la respuesta que deseas provocar.
2. Continúa con la duración media de tu ritual: cuánto tiempo le dedicarás en condiciones normales.
3. Elige los hábitos de tu ritual: busca aquellos que, de forma natural, contribuyen a la consecución de tu objetivo.

4. Diseña tu RMV: adapta los hábitos que normalmente practicas para obtener los mismos beneficios, aunque las circunstancias cambien.

Ahora sí, ha llegado el momento de conocer los hábitos más populares y beneficiosos que puedes incluir en tus rituales y elegir cuáles formarán parte de tu rutina en función de los efectos que te proporcionen.

Además, en el capítulo final encontrarás ideas de rituales prediseñados que incluyen los hábitos que veremos a continuación y que tienen diferentes duraciones para que te sirvan de inspiración a la hora de empezar con el tuyo.

EJERCICIO PRÁCTICO
Tu primer ritual de hábitos personalizado

Aunque lo más frecuente es inspirarte en los rituales que realizan otras personas, crear tu ritual desde cero en este punto del libro te será de utilidad para entender la lógica que encierran. ¿Por qué los practicamos en un determinado orden? ¿Qué hábitos elegimos?

Empieza por definir cuál es la respuesta que deseas provocar, es decir, qué estado de ánimo quieres alcanzar cuando termines tu ritual. A continuación, determina la Práctica Media de tu ritual, el tiempo que habitualmente le dedicarás. Indica también en qué situaciones practicarás este hábito: todos los días al levantarte, solo de lunes a viernes, en momentos puntuales, etcétera. Para este ejercicio, que seguiremos ampliando en los próximos capítulos, te resultará útil descargarte la plantilla gratuita que he preparado para ti: www.ritualesdehabitos.com/ejercicios.

Por el momento no incluiré los hábitos que conforman este ritual. Primero quiero que conozcas cuáles son los más frecuentes y qué beneficios traerán a tu vida.

RITUALES DE HÁBITOS
Mi primer ritual de hábitos (capítulo 6)

¿Cuál es el estado de ánimo que deseas alcanzar?
Por ejemplo: *Quiero llenarme de energía a primera hora de la mañana.*

Determina cuál será tu Práctica Media.
Por ejemplo: *Una hora al levantarme de lunes a viernes.*

¿Qué hábitos incluye tu ritual?
Especifica el tiempo entre paréntesis.

¿En qué consistirá tu Ritual Mínimo Viable?
Recuerda que debe durar un 25 por ciento del tiempo que le dedicas normalmente. Es importante que puedas practicarlo en circunstancias diferentes a las habituales. Inspírate con el ejemplo del capítulo 7.

A MODO DE RESUMEN...

✓ Las fórmulas cerradas de rituales de hábitos pueden resultar frustrantes para algunas personas que no logran seguirlas al pie de la letra debido a sus circunstancias personales.

✓ Por ese motivo, los rituales de hábitos prediseñados deben tomarse como una inspiración de la cual partir para dar forma a una rutina personalizada que podamos ir ajustando con el tiempo.

✓ A la hora de diseñar nuestro ritual desde cero, deberemos empezar por el final, definiendo cuál es la Respuesta Condicionada que deseamos alcanzar: cuál es el estado de ánimo en el que nos queremos situar.

✓ La duración media de nuestro ritual nos permitirá establecer cuánto tiempo deseamos dedicarle y, en función de ello, elegir unos hábitos u otros.

✓ Estos hábitos deberán proporcionarnos de forma natural la respuesta que estamos buscando condicionar. Al vincularlos, lograremos multiplicar su efecto.

✓ El Ritual Mínimo Viable es una técnica que nos permite mantener la repetición continua de nuestro ritual incluso cuando nuestras circunstancias cambian. Por ejemplo, si un día disponemos de menos tiempo o cambiamos de espacio.

Capítulo 7

QUÉ HÁBITOS INCORPORAR
A TU RITUAL

Medita veinte minutos cada día, salvo que
estés muy ocupado. Entonces, medita una
hora.

Proverbio zen

Si solo pudieras elegir un hábito para incorporar a tu rutina diaria, ¿con cuál te quedarías? Este es el verdadero desafío que propongo a mis alumnas en el momento en que se inscriben a mi programa Hábitos Esenciales. Por supuesto, durante las siguientes semanas vemos cómo crear todos los nuevos hábitos que nos propongamos, pero siempre debemos comenzar centrando la atención en uno.

El objetivo es que pongamos todo lo aprendido en práctica en ese primer hábito que no nos saltaremos y, cuando hayamos logrado fijarlo, habrá quedado automatizado en nuestro cerebro, lo cual nos permitirá centrar nuestro foco en un segundo hábito.

La mayoría de las personas que intentan incorporar nuevos hábitos a su rutina acaban abandonando porque pretenden afrontar demasiados cambios a la vez, aumentando tanto su nivel de exigencia que, en el momento en el que no pueden cumplirlos, se frustran y lo abandonan todo. Como consecuencia, disminuyen sus niveles de autoestima y confianza en sí mismas.

En cambio, cuando centramos nuestra atención y, con ello, nuestra exigencia en un único hábito, ganamos seguridad al comprobar que somos capaces de mantenerlo en el tiempo, y eso nos proporciona la motivación suficiente para seguir creando nuevos hábitos.

Este era el caso de Noemí, alumna de Hábitos Esenciales. Cuando comenzó el programa, no lograba sacar ni siquiera treinta minutos al día para sí misma. Eso la frustraba y provocaba que tampoco dedicase ese tiempo a sus hábitos. Sentía que, si no podía hacer ejercicio durante una hora completa, no merecía la pena. Así que Noemí se unió a mi programa buscando mi apoyo como experta con la finalidad de ayudarla a incorporar nuevas rutinas y hábitos que le sirvieran para crecer personal y profesionalmente. Gracias al sistema que seguimos en Hábitos Esenciales, donde trabajamos cada hábito uno por uno, Noemí logró convertir esa media hora diaria en dos horas que se dedicaba a sí misma cada día: «En esas dos horas, practico ejercicio, hago meditación y también le dedico un tiempo importante a la lectura, para formarme y seguir creciendo como profesional».

Lo mismo le sucedió a Myriam, una empresaria de éxito muy exigente que necesitaba dedicarse más tiempo a sí misma, pero nunca lo encontraba. Por ese motivo, decidió unirse a Hábitos Esenciales con el objetivo de encontrar el equilibrio entre su vida personal y profesional mientras seguía multiplicando su facturación: «Lo que he conseguido es increíble, dedico tres horas de la mañana para mí: la lectura, el ejercicio, las páginas matinales y un montón de herramientas que me ayudan a ser más productiva».

Poner nuestro foco en un hábito nos sirve para fijarlo

y evitar que lo abandonemos con facilidad, y además crea las conexiones cerebrales que necesitamos para establecer nuevos hábitos.

Los rituales nos permiten jugar con ventaja, ya que nos ayudan a incorporar varios hábitos a la vez sin que perdamos el foco ni aumentemos en exceso nuestros niveles de exigencia. Tan solo deberemos concentrarnos en fijar el primer hábito, que funciona como detonante de los siguientes. En el siguiente capítulo veremos cómo podemos hacerlo siguiendo la fórmula de Señal – Acción – Recompensa.

Una vez conocemos esta ventaja extra de los rituales, lo que nos falta es elegir los hábitos que formarán parte de nuestro ritual diseñado desde cero. Como veíamos en páginas anteriores, la principal dificultad radica en conocer los beneficios concretos que nos aporta cada uno de estos hábitos y, muy a menudo, simplemente en conocer su existencia. Por eso, a continuación te presento una completa guía de hábitos con sus beneficios que podrás consultar cada vez que desees incorporar uno nuevo de manera individual o dentro de tu ritual.

Hacer ejercicio físico

La práctica habitual de actividad física aporta múltiples beneficios para nuestro organismo, y por eso resulta recomendable incorporarla siempre como hábito en nuestro día a día. Sin embargo, debemos tener en cuenta que no todas las rutinas son iguales ni producen el mismo efecto sobre el cuerpo y la mente. En función del tipo de ejercicio que realicemos, podremos añadir este hábito a un ritual energizante o relajante.

¿Cómo elegir el tipo de ejercicio que más se adecue a tu ritual? Para empezar, vamos a distinguir tres grandes grupos de práctica deportiva:

- Ejercicios cardiovasculares: son aquellos que nos sirven para aumentar nuestra frecuencia cardíaca y, de esta manera, hacer que el corazón bombee más sangre, lo que contribuye a su fortalecimiento. Además, esta subida del ritmo cardíaco nos ayuda a quemar más calorías durante la realización del entrenamiento. Salir a correr, hacer bici en casa, nadar o saltar a la comba son algunos ejemplos, pero hay muchísimos más.

- Ejercicios de fuerza: pensados para fortalecer los músculos mediante el levantamiento de peso, que puede ser con mancuernas, con pesas o con nuestro propio cuerpo. Además de crear músculo, sirven para activar el metabolismo. El pilates, por ejemplo, consiste en ejercicios de fuerza suave que trabaja un importante número de músculos del cuerpo.

- Ejercicios con estiramientos: ayudan a mejorar la flexibilidad, reducir dolores musculares y mantener la movilidad articular, además de relajar el cuerpo. Muchas de las prácticas de yoga sirven para estirar los músculos, aunque también encontramos algunas secuencias pensadas para fortalecerlos.

Teniendo esto en cuenta, lo recomendable sería incluir un entrenamiento que combine ejercicios cardiovasculares y de fuerza en nuestro ritual energizante, y optar por una rutina de estiramientos en el ritual relajante. Sin olvidarnos, obviamente, de que debemos estirar siempre después de cada ejercicio de cardio o fuerza para evitar lesiones musculares.

No obstante, hay personas que aseguran sentirse más relajadas después de practicar cardio o fuerza. Aunque no suele ser lo habitual, te sugiero que pruebes qué es lo que mejor te funciona a ti en cada momento del día. También puedes probar con diferentes niveles de intensidad o rutinas. Por ejemplo, si el pilates te relaja, pero lo quieres mantener en tu ritual energizante, puedes probar a ir incrementando la intensidad de los ejercicios que practicas. Para ello, cuenta con una persona profesional que te oriente sobre cómo hacerlo de manera adecuada.

De cualquier modo, lo que sí parece seguro es que, independientemente del tipo de ejercicios que elijas, todos ellos contribuirán a la segregación de las «hormonas de la felicidad», que ya mencionamos en el capítulo 4, salvo que realices una rutina demasiado exigente que se encuentre por encima de tu estado físico y la experiencia resulte traumática (¿recuerdas mi anécdota con las camas elásticas del gimnasio?). Por eso es muy importante que busques divertirte haciendo ejercicio, que encuentres una rutina que disfrutes y que te dejes orientar por entrenadores profesionales que puedan guiarte para diseñar la rutina deportiva que tú necesitas. Teniendo esto en cuenta, ¿cómo nos ayudan la dopamina, la serotonina, las endorfinas y las encefalinas? Veámoslo a continuación:

- La dopamina es el neurotransmisor responsable de transmitir una sensación de placer al cerebro. Nuestro cuerpo la genera cuando practicamos actividades que nos resultan agradables. Desempeña un papel fundamental en la creación de nuevos hábitos, puesto que, como veremos más adelante, nos permite proporcionar un refuerzo positivo que potencie la repetición del hábito que queremos incorporar.

- La serotonina es otro neurotransmisor, encargado en este caso del control de las emociones y los estados de ánimo. Un déficit de esta hormona puede provocar que nos sintamos tristes o mantengamos una actitud pesimista ante la vida. Por eso, además de tener cierto control sobre nuestros pensamientos, necesitamos hábitos que nos ayuden a potenciar la producción de serotonina.

- Las endorfinas y encefalinas son sustancias naturales que, una vez sintetizadas por el cerebro, contribuyen a aliviar el dolor, por lo que podemos afirmar que se trata de un analgésico completamente natural que, además, sirve para fortalecer nuestro sistema inmune.

Hacer ejercicio te ayudará a tener más energía o a relajarte, pero gracias a estas hormonas siempre te sentirás bien después de haberlo practicado.

Meditar

La meditación es una actividad que, practicada de forma regular, aporta numerosos beneficios. Entre otros, ayuda a reducir el estrés y la ansiedad, a mantener el foco, a priorizar, a tener una actitud proactiva y no reactiva, a experimentar una mayor sensación de calma y a mejorar la memoria. Además, la meditación es como un tipo de gimnasia mental que nos permite ejercitar nuestro cerebro de forma continuada.

Existen muchas formas de meditar: podemos hacerlo con una guía que nos oriente, con música de fondo o en completo silencio; durante el tiempo que queramos, un minuto o una hora; centrándonos en la respiración, en un objeto concreto o en una parte de nuestro cuerpo; en reposo o en movimiento, y con los ojos cerrados o abiertos. Sí, también puedes meditar mientras das un paseo con los ojos bien abiertos prestando atención a las sensaciones que te transmiten tus cinco sentidos. Incluso hay quien considera que escribir un diario es una forma de meditar.

Uno de los principales beneficios de la meditación es que nos ayuda a disminuir la adrenalina y el cortisol, dos hormonas que segrega nuestro organismo y cuyos niveles aumentan con el estrés del día a día. Además, el cortisol, ejerce un efecto directo sobre algunas funciones principales de nuestro cuerpo:

- El metabolismo de los carbohidratos, las grasas y las proteínas
- La regulación de los niveles de inflamación en el cuerpo
- El control de la presión sanguínea
- El equilibrio de los niveles de azúcar en la sangre (glucosa)

Cuando se produce un exceso de cortisol en el organismo, todas las funciones anteriores pueden sufrir alteraciones. Como ya vimos en el primer capítulo al hablar de las emociones, el cortisol también se libera ante un peligro, lo cual provoca que interrumpa la mayoría de las funciones de nuestro cuerpo con el objetivo de facilitar la huida o la lucha. Si vivimos en un estado de ansiedad continuo, segregando grandes cantidades de cortisol, nuestro cuerpo se resentirá.

La meditación *mindfulness* ayuda a disminuir los pensamientos negativos que nos asaltan en el día y alivia los síntomas de la depresión. Pero, además, contribuye a disminuir los niveles de cortisol producidos por el estrés y la ansiedad. Gracias a ello, conseguiremos a su vez que nuestro cuerpo funcione mejor, sin interrupciones producidas por peligros mínimos o inexistentes. Así lograremos tener una actitud más proactiva que reactiva, es decir, evitaremos reaccionar instintivamente ante los pequeños retos del día a día y tomaremos mejores decisiones.

Al igual que sucedía con el ejercicio físico, la meditación es una práctica que podemos incorporar en múltiples rituales por los beneficios que nos aporta. En un ritual relajante, nos servirá para calmar nuestra mente y liberarla de los pensamientos del día, pero también podemos practicarla nada más levantarnos para sentir sus efectos desde primera hora.

Escribir un diario

Escribir con frecuencia en nuestro diario es uno de los hábitos esenciales que siempre recomiendo incorporar a los rituales debido a sus múltiples beneficios. Sin embargo, cuando hablamos de escribir un diario, la mayoría de las personas suelen tener dudas sobre qué podrían escribir en sus páginas.

Un estudio realizado por la Universidad de Iowa[22] demuestra que escribir sobre aquellos estímulos que nos generan estrés o sobre eventos traumáticos nos ayuda a mejorar nuestra salud mental y física para superar tales experiencias. Además, escribir sobre tus inquietudes, sueños y metas te servirá para conocerte mejor e identificar tus detonantes diarios, es decir, aquellos estímulos que suelen estresarte. De esta manera, podrás hacerles frente. Por si esto fuera poco, te permitirá sopesar tus preocupaciones y miedos al verlos escritos sobre el papel, por lo que se convertirá en un gran aliado a la hora de manejar la ansiedad y el estrés, en beneficio de tu sistema inmune.

---

22. Ullrich, P. M., y Lutgendorf, S. K., «Journaling About Stressful Events: Effects of Cognitive Processing and Emotional Expression», *Annals of Behavioral Medicine*, 24 (3):7, 1 de agosto de 2002, pp. 244-250.

Una de las prácticas más habituales en los rituales energizantes que usamos para comenzar el día es la escritura de las páginas matinales. Este ejercicio consiste en escribir, nada más levantarnos, tres páginas en una libreta tamaño cuartilla. Aquí podremos escribir sobre los pensamientos que nos rondan por la mente, liberándola; describir acontecimientos que hayamos vivido, o enfocarnos en los que aún están por vivir. No hay una forma incorrecta de escribir estas páginas, puesto que se trata de dejar fluir nuestras ideas y escribir sobre lo que nos apetezca. Esto nos permite liberar la mente, desatar la creatividad y disminuir los niveles de estrés.

Sin embargo, no es la única práctica que podemos realizar. Si en lugar de escribir por la mañana preferimos hacerlo por la tarde como parte de nuestro ritual relajante, podemos optar por esta solución. Si quieres escribir una página en lugar de tres, que así sea, y si prefieres ponerte un límite de tiempo y no de páginas, también estás en tu derecho.

Escribir un diario es un hábito integrador que nos permitirá incluir otras prácticas como el agradecimiento, la visualización o las afirmaciones. Hay personas que utilizan su diario para escribir lo que les ha sucedido a lo largo del día, otras prefieren usarlo para plasmar sus planificaciones y hay quien escribe hasta lo que tiene que comprar en el supermercado. Y, como decíamos, también puedes escribir tu visualización de cómo será el día que tienes por delante, o anotar afirmaciones positivas que te hagan ganar confianza.

Puedes usar una libreta en blanco de tamaño A5 (o cuartilla) o elegir uno de los múltiples «diarios de los 5 minutos» que existen en el mercado. Este tipo de cuadernos suelen indicarte qué escribir cada mañana y te ayudan a ir orientando tu práctica. Son de utilidad si aún tienes dudas sobre qué podrías escribir.

De todas estas opciones, yo me quedo con las páginas matinales que propone Julia Cameron. Tras muchos años escribiéndolas, son las que mejor me han funcionado. Dentro de estas páginas me doy libertad para escribir sobre lo que me apetezca. Simplemente dejo que mi mente fluya a lo largo de las tres páginas en blanco.

Para disfrutar de todas las ventajas que nos ofrece la escritura de un diario, sí es importante que evitemos utilizar cualquier tipo de teclado. Al escribir a mano, se activan partes de nuestro cerebro que no trabajan cuando nos limitamos a teclear. Además, nuestra concentración es mucho mayor y entramos en un estado similar al de la meditación. El teclado implica un menor esfuerzo cognitivo (solo tenemos que pulsar la tecla correspondiente) y eso nos da pie a que nos distraigamos con mayor facilidad.

Como hemos visto, escribir un diario es una práctica tan versátil que puedes incluirla en diferentes rituales. Si se trata de un ritual energizante, inclúyelo al principio para que te ayude a despertar poco a poco la mente antes de continuar con hábitos más exigentes. En un ritual relajante, te servirá como cierre del día para liberar tu mente antes de dormir. Antes de un evento importante, puedes escribir afirmaciones que te aporten seguridad, o visualizar por escrito cómo se sucederán los acontecimientos que debes afrontar.

Visualizar

La visualización es una práctica que nos permite recrear en nuestra mente las imágenes de un acontecimiento antes de que este suceda. Nos sirve para prepararnos ante sucesos importantes de nuestra vida que nos hacen sentir cierta inseguridad. Por ejemplo, cuando tenemos que hablar en público.

Con este ejercicio podremos vivir una situación futura una y otra vez en nuestra mente, e incluso incorporar retos que podrían presentarse y encontrar soluciones para superarlos. De esta forma, cuando suceda de verdad, tendremos la preparación que necesitamos para afrontar los posibles obstáculos con los que nos encontremos.

Cuando al principio de este libro te hablé de Michael Phelps, te conté que había vivido cientos de veces en su mente cómo es una carrera ganadora. En sus visualizaciones, también había introducido en alguna ocasión la posibilidad de que sus gafas se llenaran de agua. Eso le permitió reaccionar con rapidez sin dejarse atrapar por el miedo. Aquella situación ya la había vivido antes en su imaginación. Es la cinta de vídeo que su entrenador le enseñó a reproducir en su mente desde que era niño, la visualización con la que cada noche se dormía.

Si practicas la visualización para hablar en público, podrás hacerlo semanas antes de tu intervención si así lo necesitas. Reproducirás en tu cabeza cómo escuchas que te presentan, cómo sales al escenario y te encuentras frente a una multitud, pero tú sientes calma y tranquilidad. Respiras y comienzas tu charla con el estado de ánimo que deseas. Una vez hayas visualizado el momento ideal, introduce algunos obstáculos. Por ejemplo, que tu micrófono no funcione. ¿Cómo reaccionarías? Prepárate mentalmente. El cerebro genera tanto nuestros recuerdos como lo que imaginamos en una misma área, en concreto en el hipocampo. Cuando imaginamos lo que sucederá con tanto detalle, estamos generando recuerdos de nuestro futuro. De esta forma, cuando nos enfrentemos al hecho en sí, tendremos la sensación de haberlo vivido antes en múltiples ocasiones. Puedes visualizar cómo será un evento importante, y cómo se desarrollará tu día a día, mentalmente o escribiéndolo en tu diario. Tú decides qué tipo de visualización te funciona mejor. Mi recomendación es que incluyas este hábito en tu ritual energizante o relajante, para visualizar tu día o un acontecimiento especial que tengas próximamente, pero también dentro del ritual que diseñes antes de hablar en público o ante un reto similar.

Realizar afirmaciones

Las afirmaciones positivas son oraciones que pronunciamos o escribimos en presente con el objetivo de fijar nuevas creencias en nuestra mente. Pueden resultarnos especialmente útiles para deshacernos de pensamientos negativos que nos estén bloqueando.

Como hemos visto en los primeros capítulos de este libro, nuestras emociones se encuentran condicionadas por nuestros pensamientos y creencias. Todas las personas tenemos ideas preconcebidas acerca de quiénes somos o de lo que podríamos lograr. En muchas ocasiones son creencias limitantes que nos paralizan y nos impiden entrar en acción.

Durante la niñez, recibimos la influencia de aquellas personas adultas con autoridad para nosotros, como nuestros padres o nuestros profesores de Educación Primaria. Sus palabras son importantes y resuenan en nuestra mente. Si en esta etapa nos insistieron en nuestra incapacidad para expresar nuestras ideas, es posible que hayamos generado la creencia de que no sabemos hablar correctamente y, por tanto, evitemos exponernos públicamente en situaciones como impartir una charla o grabar un vídeo para redes sociales. Si, por el contrario, nos felicitaban por nuestra gran capacidad de expresión, es probable que lo hayamos potenciado con el tiempo. Sin embargo, la capacidad para hablar en público es una habilidad que se entrena y en la que seguro que mejoraremos si practicamos lo suficiente. Cuando nos deshacemos de la creencia que nos condiciona, nos damos permiso para abrir puertas que nos permitirán expandir nuestros límites y llegar aún más lejos.

Si deseamos transformar este tipo de creencias en otras más útiles para nuestro desarrollo personal y profesional, tendremos que cambiar nuestro paradigma de pensamiento. Tal como hicimos en el ejercicio del capítulo 2, solo deberemos identificar cuáles son las creencias que nos limitan y escribir las afirmaciones que nos permitan modificar estas ideas preconcebidas en nuestro cerebro.

Podemos utilizar afirmaciones que encontremos en Internet o que hayamos leído de otras personas, pero solo si están en verdadera sintonía con nuestras creencias y nos sentimos plenamente identificados con su contenido. Por lo general, las afirmaciones que hacemos en primera persona basándonos en nuestra experiencia tienen un alcance aún mayor.

También puedes integrar el hábito de escribir o pronunciar en voz alta tus afirmaciones como práctica frecuente en tus rituales diarios, o bien reservarlo para rituales que realices en momentos concretos en los que sientas que necesitas esa dosis de confianza extra.

Agradecer

El agradecimiento es un hábito que nos ayuda a estar presentes en nuestro momento presente. Desde el momento en que apreciamos lo que sucede a nuestro alrededor, o incluso dentro de nuestro organismo, situamos la mente en el aquí y el ahora. Cuando estamos agradeciendo, es imposible que nos vayamos al pasado o al futuro, que sintamos nostalgia o ansiedad.

Dar las gracias, mental o verbalmente, nos ayuda a valorar lo que tenemos. Podemos agradecer el agua caliente con que nos duchamos cada día (y a la que muchas personas en este mundo no tienen acceso), el rayo de sol que entra por la ventana y calienta nuestra espalda en un frío invierno, el alimento que vamos a comer o la sonrisa de esa persona desconocida con quien nos cruzamos en la calle. Cuando incorporamos el hábito del agradecimiento a nuestra vida, nos damos cuenta de que existe una gran cantidad de motivos para hacerlo.

Puedes llevar a la práctica este hábito dentro de tus rituales poniéndolo por escrito. En el mercado existen diferentes tipos de diarios de agradecimiento con una serie de preguntas que te ayudan apreciar lo que ha sucedido en tu día, una idea que han incluido algunas agendas y planificadores. También tienes la opción de escribir tus agradecimientos en una libreta en blanco, e incluso de incorporarlos a tu diario.

Lo que a mí me ha funcionado mejor ha sido adquirir el hábito del agradecimiento inmediato, es decir, apreciar el momento en que tiene lugar el suceso por el que doy las gracias. Cuando tu pareja te cede la última porción de postre, por ejemplo, puedes dedicar unos segundos a sentir ese agradecimiento interno por el amor que reside en ese pequeño gesto. Y, por supuesto, anímate a verbalizarlo siempre que lo consideres oportuno.

Leer

La lectura es uno de los hábitos esenciales que nos ayudan a expandir los límites de nuestra mente, a ampliar nuestros conocimientos y a mejorar nuestra empatía, a la vez que nos permite entrenar nuestro cerebro y mantenerlo más activo.

Cuando hablamos del hábito de la lectura, debemos entenderlo como la acción de leer un texto. Para decirlo claro, un audiolibro no es leer. Disfrutamos de una historia o adquirimos conocimientos, pero no activamos las mismas zonas de nuestro cerebro que cuando nuestros ojos visualizan el lenguaje escrito que nuestra mente descifra e interpreta posteriormente. Leer y escuchar son dos actividades distintas y, aunque también puedes incorporar el hábito de escuchar audiolibros o *podcasts* a tus rituales, deberás saber que se trata de una práctica más pasiva que la lectura como tal. La ventaja es que podrás escucharlos mientras te desplazas en coche, una buena forma de aprovechar el tiempo y disfrutar de los atascos.

Los libros nos abren la puerta a nuevos mundos, y no solo porque nos hablen de las vidas desconocidas de personas ficticias o reales. También los títulos que se incluyen en los géneros de no ficción nos enfrentan a ideas desconocidas hasta entonces para nosotros.

El hecho de enfrentarnos a conceptos diferentes, un nuevo vocabulario o realidades que hasta ese momento habíamos ignorado, saca a nuestro cerebro de su zona de confort y lo invita a realizar un mayor esfuerzo. Tengamos en cuenta que el cerebro humano no está genéticamente diseñado para leer: lo que hoy entendemos como lectura surgió hace unos seis mil años. Pero, gracias a la neuroplasticidad, nuestro cerebro puede moldearse y ha sabido adaptarse a los cambios.

La lectura es una actividad que nos ayuda a ejercitar la mente y, por tanto, favorece la reserva cognitiva, incidiendo de forma positiva en nuestra salud cerebral; es decir, disminuye el declinar cognitivo que se produce con la edad o por causa de enfermedades degenerativas. Y además de todo lo dicho, leer es uno de los grandes placeres de la vida. Si piensas que este hábito no es para ti, déjame decirte que solo tienes que encontrar el título que conecte contigo.

Puedes incorporar el hábito de la lectura a cualquiera de tus rituales, pero resulta especialmente beneficioso optar por libros que activen tu mente dentro de tu ritual energizante y dejar los libros que te relajen para antes de irte a dormir. En mi caso, por ejemplo, suelo leer sobre negocios, marketing y desarrollo personal por las mañanas, ya que mi cerebro enseguida empieza a conectar ideas que debo apuntar. Por la noche, en cambio, prefiero los libros de ficción porque me ayudan a relajarme mientras dejo volar mi imaginación.

Planificar (o revisar tu planificación)

La planificación es otro de los hábitos más frecuentes en los rituales que seguimos para comenzar o dar por finalizado el día. Planificar es diseñar un plan para el futuro, y nos permite priorizar lo importante y proteger el tiempo que dedicaremos a nuestras tareas para así sacarlas adelante en las horas que nos hemos propuesto sin interrupciones ni distracciones.

Dicho de otro modo, la planificación nos permite crear tiempo para lo importante. Desde un estado de calma y previsión, podemos establecer qué es importante antes de que se convierta en urgente.

Lo recomendable, desde el punto de vista de la productividad, es realizar una planificación de lo macro a lo micro, es decir, que comience por definir nuestras metas anuales, continúe con nuestros proyectos trimestrales, objetivos mensuales y, por último, se centre en las tareas de la semana, finalizando con una revisión diaria. Esto te permite incorporar la planificación semanal como un hábito en tu ritual de cierre de semana, que aconsejo realizar los domingos por la tarde para empezar el lunes aún con más energía, e incluir la revisión diaria al final del día, como transición de las obligaciones al tiempo de ocio.

¿En qué consiste? Los domingos por la tarde nos centraremos en definir cuáles serán nuestras prioridades de la semana y las tareas que decidamos realizar cada día, elegidas siguiendo criterios de importancia y urgencia. Diariamente, llevaremos a cabo una revisión de cinco minutos en la que replanificaremos las tareas que hayan quedado pendientes y ubicaremos en nuestra agenda o calendario las nuevas tareas que hayan surgido a lo largo del día.

Escuchar música

Como vimos al hablar del ejercicio físico, las actividades que nos resultan agradables nos ayudan a segregar dopamina, una hormona que contribuye a transferir placer al cerebro. Cuando escuchamos una música que nos gusta, también generamos esta misma hormona. Y, además, activamos diferentes partes de nuestro cerebro gracias a su tonalidad, su ritmo y el contenido de sus letras.

Según el tipo de música que escuchemos, podemos activarnos o relajarnos, ya que el ritmo de la música afecta directamente a nuestra frecuencia cardíaca. A mayor intensidad, mayor número de pulsaciones por minuto. Opta por una lista de reproducción con canciones que te pongan de buen humor en tu ritual energizante, y busca otro tipo de sonidos que te transmitan calma, como canciones instrumentales o acústicas, para tu ritual relajante.

Para ayudarte con la selección, en Spotify hemos creado dos listas a las que puedes suscribirte con temas que podrás escuchar cuando necesites llenarte de energía o relajarte. Las encontrarás gratis, junto con las hojas de trabajo que acompañan este libro, en mi página web: www. ritualesdehabitos.com/ejercicios.

Además de incorporar la música a tus rituales diarios, te recomiendo que crees tu propia lista de reproducción para otros momentos, como tu rutina deportiva o el ritual previo a hablar en público. Antes de salir al escenario o impartir un *webinar*, suelo escuchar canciones que me ayudan a mantener la concentración y me llenan de energía: *Don't Stop me Now*, de Queen; *Eye of the Tiger*, de Survivor; *The Final Countdown*, de Europe, o *Copacabana*, de IZAL, son algunos de los títulos que suenan en mis auriculares en los momentos previos.

Finalmente, sé fiel a la lista de reproducción que decidas incorporar a cada uno de tus rituales. Escuchar las mismas canciones en el mismo orden te funcionará como refuerzo positivo en tu condicionamiento mental, ya que acabarás asociando la música al estado de ánimo en el que quieres situarte.

Cuidar tu alimentación

Prestar atención a lo que comemos debería ser un hábito que mantuviéramos siempre, huyendo de dietas esporádicas y aplicando el sentido común. Ni vamos a desayunar, almorzar y cenar pizza a diario (por mucho que nos guste y a mí, especialmente, me encanta) ni vamos a restringir lo que comemos a alimentos que detestamos, ni nos vamos a obsesionar con el número de calorías que ingerimos. Lo importante es la calidad de los alimentos que tomamos y cómo le sientan a nuestro cuerpo.

Para ello, es importante que aprendas a observar e identificar las sensaciones de tu cuerpo tras las diferentes comidas. Si después de ingerir un alimento sientes que tu digestión es demasiado pesada, probablemente no sea buena idea tomarlo el día que necesitas tener un rendimiento alto.

Como te conté al comienzo de este libro, Michael

Phelps sigue un mismo ritual antes de cada competición, y eso implica desayunar siempre lo mismo. De esta manera se asegura de que no le vaya a sentar mal. Ya sabe cómo reacciona su cuerpo ante esos alimentos y, por tanto, no arriesga sus carreras (y una posible medalla olímpica) probando nuevos sabores ni preparaciones que le hagan disminuir su rendimiento.

Elige cuáles son tus alimentos ganadores, aquellos que te permiten mantener tu energía donde tú la necesitas. ¿Qué desayunos aumentan tus niveles de saciedad durante la mañana y te proporcionan energía? ¿Cuál es el mejor almuerzo para una tarde de trabajo? ¿Y la cena que contribuye más a tu descanso? A mí me suele funcionar bien desayunar gachas de avena (o *porridge*) y tomar una fruta a media mañana, generalmente un par de mandarinas o un plátano. En verano, me encanta almorzar un *Buddha Bowl*, un plato frío muy completo que, a modo de superensalada, incluye proteínas, carbohidratos y diferentes verduras. En invierno, en cambio, suelo optar por cremas de verduras con trocitos de tofu. Para la cena no tengo ninguna preferencia, pero evito que sean copiosas y descarto los fritos, los aliños ácidos y el picante (que me perdonen mis amigos de México).

Esto no significa que tengas que comer lo mismo a diario, al contrario, en la variedad está el gusto, pero sí que conozcas qué alimentos te sientan mejor para tomarlos el día que tienes previsto un reto importante. La alimentación es un elemento fundamental dentro de tus rituales: cuídala.

Ahora que ya conoces en profundidad algunos de los hábitos más frecuentes que encontramos en los rituales, es momento de que crees paso a paso el tuyo o elijas uno de los rituales prediseñados que encontrarás en el último capítulo de este libro. Una vez lo tengas, llegará el momento de ponerlo a prueba durante algunos días y observar cómo te hace sentir.

¿Has elegido los hábitos adecuados? ¿Cómo te hacen sentir? ¿Es el orden correcto de hábitos para ti? ¿Sería aconsejable aumentar o reducir la duración de alguno de ellos? Para que el ritual de hábitos funcione, es necesario que lo hagas completamente tuyo. Lo que puede funcionarle a otra persona es posible que no encaje con tu forma de ser, tus gustos o necesidades. Por eso, en el siguiente capítulo comparto contigo cómo llevar tu nuevo ritual a la práctica y qué debes hacer para fijarlo.

EJERCICIO PRÁCTICO
Completa tu ritual de hábitos personalizado

Ha llegado el momento de continuar con el ejercicio que te propuse en el capítulo anterior. Recupera la plantilla gratuita que te descargaste de mi página web y que rellenaste con la información inicial para tu ritual: www.ritualesde habitos.com/ejercicios.

Indica qué hábitos incluir en la Práctica Media de tu ritual y crea también la versión reducida de tu Ritual Mínimo Viable. Así tendrás tu ritual listo para empezar a ponerlo en practica cuando tú decidas (¿por ejemplo, mañana?).

A MODO DE RESUMEN...

✓ Cuando una persona se marca el objetivo de transformar su vida a través de los hábitos, con frecuencia desea abarcar más de lo que puede. Como consecuencia, se genera un sentimiento de frustración que le hace abandonar.

✓ Por eso es tan importante empezar con un primer hábito en el que centremos toda nuestra atención para que quede bien fijado.

✓ En el caso de los rituales de hábitos aún es más importante, ya que funcionará como señal de las siguientes acciones que deseamos realizar.

✓ El ejercicio físico es uno de los hábitos que con mayor frecuencia encontramos en los rituales, puesto que ejerce un efecto inmediato en nuestra mente al producir las llamadas «hormonas de la felicidad».

✓ La meditación es muy beneficiosa para nuestro cerebro y nos ayuda tanto a relajarnos como a incrementar la capacidad de concentración.

✓ Escribir un diario es una práctica de *mindfulness* que nos permite centrar la atención en una actividad concreta, liberar la creatividad y deshacernos del bucle de pensamientos que nos impide avanzar.

✓ Con la visualización, generamos recuerdos para el futuro. Esto nos permite desarrollar una mentalidad de éxito capaz de afrontar cualquier situación, por difícil que nos parezca.

✓ Las afirmaciones positivas resultan especialmente útiles cuando queremos deshacernos de creencias que consideramos limitantes.

✓ Recordemos que la transformación solo se produce desde la aceptación. El agradecimiento es un hábito que nos ayuda a estar presentes y a valorar lo que tenemos.

Capítulo 8

PRUEBA Y ERROR:
TU RITUAL EN EL DÍA A DÍA

En toda la vida hay etapas secuenciales de crecimiento y desarrollo. El niño aprende a darse la vuelta, a sentarse, a gatear, y después a caminar y a correr. Todos los pasos son importantes, y todos requieren su tiempo.

STEPHEN R. COVEY

Cualquier planificación, hábito o ritual siempre parece mucho más sencillo de llevar a la práctica sobre el papel, sobre todo cuando lo hacemos por primera vez. Es normal. Cuando lo diseñamos, imaginamos unas condiciones idóneas sin interrupciones y donde todo fluye de maravilla. Nuestra alarma suena a las cinco de la mañana y nos despertamos sin sueño, sintiendo que hemos descansado plenamente. Nos levantamos de la cama sin demorarnos e iniciamos nuestro ritual energizante: bebemos agua, nos lavamos la cara, preparamos una infusión caliente en los días de invierno y, con una luz tenue, empezamos a escribir nuestras páginas matinales, donde depositamos nuestros primeros pensamientos del día. Liberamos nuestra mente de aquellas ideas que nos rondan a primera hora: quizá algún suceso del día anterior, un evento del día que está por empezar que nos preocupa o, simplemente, una lista de lo que tenemos que comprar en el supermercado cuando nos acerquemos más tarde. Una vez hemos terminado de escribir, en solo quince minutos nos disponemos a avanzar con esa formación en línea en la que un día nos inscribimos. Vemos los vídeos incluidos en el curso, e incluso nos da tiempo de hacer algunos ejercicios. En casa todos duermen y se respira un ambiente tranquilo. Nadie nos interrumpe. Continuamos con el siguiente hábito de nuestro ritual: el ejercicio físico. Dedicamos cuarenta y cinco minutos a hacer bicicleta estática en casa y ejercicios de fuerza con nuestro propio cuerpo. Qué bien nos sienta movernos. Finalizamos con unos estiramientos de yoga y nos reservamos quince minutos más para una meditación antes de irnos a la ducha. ¡Cuánta paz y calma podemos sentir!

Sin embargo, las circunstancias no siempre son las ideales. Quizá nos demos cuenta de que eso de levantarnos a las cinco de la mañana no va con nosotros o que, simplemente, primero tendríamos que haber empezado por un ritual relajante que nos permitiese acostarnos antes por la noche. De cualquier modo, nos levantamos con sueño y tenemos que superar la pereza inicial que nos invita a quedarnos cinco minutos (o una hora) más en la cama. Cuando logramos levantarnos, escuchamos a nuestros hijos moverse. ¡Nos han oído! Intentamos hacer el menor ruido posible, pero en casa las paredes son de papel y se oye todo. Conseguimos superar los primeros pasos del ritual, parece que se han vuelto a dormir. Nos sentamos con nuestra infusión y el diario abierto por la página que corresponde. «Mami», nos parece oír. Fingimos que no hemos escuchado nada y tratamos de concentrarnos en la escritura. «¡Mamá!», oímos de nuevo, ahora con más contundencia. Vamos a la habitación de los peques y les decimos que es temprano, que continúen durmiendo. Volvemos a las páginas matinales, tomamos un sorbo de la infusión y está fría. La recalentamos en el microondas y, cuando regresamos, nuestra hija está en el salón esperándonos. Dejamos las páginas a la mitad y la ayudamos a dormirse de nuevo. Miramos la hora: ya no nos da tiempo de estudiar, la infusión vuelve a estar fría, pero ya da igual, y nos planteamos si podremos hacer cuarenta y cinco minutos de ejercicio.

Nuestro ritual puede verse afectado por interrupciones o imprevistos, o bien podemos vernos en la obligación de tener que practicarlo en un lugar distinto del habitual. Debemos prepararnos previamente para todo lo que pueda ocurrir, y así lograremos hacer frente a todo cuanto pueda suceder. «Estoy preparado para lo peor, pero espero lo mejor», dijo Benjamin Disraeli, ex primer ministro del Reino Unido, escritor y aristócrata británico. Esa debe ser nuestra actitud ante nuestros rituales de hábitos: mantener una actitud positiva que nos permita aprovecharlos al máximo para situarnos en el estado de ánimo que necesitamos en cada momento, pero siendo conscientes de que cada día es diferente y de que, en ocasiones, es posible que nuestro ritual no salga como habíamos planeado. Así conseguiremos sobreponernos a las circunstancias, sin que estas determinen nuestra felicidad. La capacidad para alcanzar la energía deseada se encuentra en nuestro interior y los rituales de hábitos constituyen una herramienta útil para alcanzarla más fácilmente, pero no debemos identificarnos con estos. Si un día no podemos practicar nuestro ritual como nos gustaría, en lugar de pensar que hemos perdido la oportunidad y que todo saldrá mal, adoptemos una actitud positiva que nos permita acercarnos al máximo a esa emoción que buscamos sentir.

Como vimos al principio de este libro, los pensamientos determinan nuestras emociones y estas influyen en nuestras acciones. Mantén el control sobre tus pensamientos y quédate únicamente con aquellos que te resulten útiles. Recuerda que Dumbo pensaba que su capacidad para volar estaba en la pluma que le habían prestado, y que sin ella no sería capaz de conseguirlo. Hasta que un día la perdió y pudo comprobar que para volar no necesitaba una pluma, sino confiar en sí mismo. Es una película animada, una ficción de Disney, pero nos permite extraer este interesante aprendizaje: nuestra energía nace de nuestro interior, y por tanto no depende de ninguna circunstancia externa. Solo nosotros tenemos control sobre ella. Gracias a los rituales de hábitos, contamos con una fórmula que nos ayuda a alcanzar con mayor eficiencia un estado de concentración, relajación o energético, y no dependemos de nuestras emociones diarias para lograrlo. Activamos el piloto automático consciente que nos permite llegar a donde nos hemos propuesto más rápidamente. No obstante, cuanto más repitamos nuestro ritual de hábitos, más sencillo nos resultará hacerlo en circunstancias diferentes a las que estamos acostumbrados. Por eso es conveniente que crees tu ritual y lo repitas hasta la saciedad. Además, cuentas con las herramientas que te he ido proporcionando a lo largo de este libro para poder sobreponerte al día a día: usa tu Ritual Mínimo Viable siempre que lo necesites.

Cuando diseñes tu ritual, ten en cuenta que necesitarás un período de adaptación. Suele suceder que, después de practicar nuestro ritual durante varios días, percibamos que algo no está funcionando bien y que nuestra energía no fluye como habíamos imaginado. Antes de desesperarte o de pensar que los rituales de hábitos no son para ti, introduce tantas modificaciones como sean necesarias hasta dar con tu fórmula. Tanto si has diseñado tu ritual desde cero siguiendo las indicaciones paso a paso que compartí contigo, como si has decidido incorporar uno de los rituales prediseñados que encontrarás al final del libro, o si has tomado como referente el ritual de una persona a la que admiras, deberás asumir que posiblemente necesites hacer cambios. Para un ritual relajante, será necesario que incluyas aquellas actividades que hacen que sientas calma y que no tienen por qué ser las mismas que relajan a otras personas. Hay personas a las que les gusta encender unas velas aromáticas en su salón, tomar una infusión caliente y leer mientras escuchan música instrumental, pero para otras estas actividades pueden no ser de tanta ayuda y prefieren realizar una suave sesión de estiramientos seguida de una meditación profunda antes de irse a dormir. Con los rituales de hábitos no hay respuestas definitivas: debes encontrar qué hábitos son los que te funcionan a ti, cuánto tiempo quieres o puedes dedicarles y cuál es el orden que mejor te encaja.

Cada persona es distinta, así como sus circunstancias, y por mucho que tratemos de seguir el ritual perfecto todos los días, no siempre lo conseguimos. Por ese motivo, el ritual de hábitos que decidamos seguir deberá convertirse en un ideal que aspiramos a cumplir cada día, pero también será necesario que dispongamos de la actitud necesaria para modificarlo en función de las distintas situaciones en que nos encontremos diariamente. En este sentido, debemos aprender a ser resilientes para adaptar nuestro ritual sobre la marcha.

No obstante, si nos encontramos con que debemos estar haciendo continuos cambios en nuestro ritual, es probable que no lo hayamos diseñado o elegido bien desde el principio. Si esto es así, te recomiendo que comiences con un primer ritual de hábitos y que lo pongas a prueba durante algunos días. ¿Funciona correctamente para ti? ¿Son los hábitos que quieres practicar? ¿Cómo te sientes cuando lo finalizas? ¿Los tiempos están ajustados a tu realidad? Cambia lo que necesites hasta encontrar el ritual de hábitos perfecto para ti que te ayudará a obtener la energía que necesitas. Quizá, en lugar de levantarte a las cinco de la mañana, te funcione mejor hacerlo a las seis para estar más tiempo con tu pareja por la noche. O tal vez las páginas matinales no te ayuden a primera hora, pero sí al finalizar el día. No hay problema, crea tus propias páginas vespertinas. También puede ocurrir que, a primera hora, no puedas hacer ejercicio en casa porque despiertas a todos, y que en su lugar tengas que practicar otro tipo de movimientos que te activen, como bailar con los auriculares puestos. De un modo u otro, será necesario atravesar una fase de implementación del ritual de hábitos. Con esta buscamos alcanzar tres objetivos:

1. Encontrar los hábitos que nos funcionan en nuestro ritual.
2. Adaptar los tiempos para que el ritual encaje en nuestra rutina.
3. Haber obtenido la energía necesaria una vez concluido el ritual.

En ocasiones creamos un ritual energizante para realizarlo cuando nos levantamos, y puede que situemos el ejercicio físico en primer lugar siguiendo las indicaciones de Robin Sharma en *El club de las 5 de la mañana*. Sin embargo, es posible que después del entrenamiento no queramos ponernos a escribir nuestro diario con el sudor aún en la piel. También nos puede pasar que nuestro cuerpo necesite cierta aclimatación antes de empezar a dar saltos. Y sí, puede ocurrir que te funcione de maravilla y mantengas este hábito en primer lugar porque te va bien. Pero, si no es así, deberás cambiarlo. Esto no significa que dejes de hacer ejercicio, sino que lo sitúes en otro lugar dentro de tu ritual o que cambies una práctica por otra.

Dentro del proceso de creación de nuestro ritual de hábitos, es importante que contemos con un período de adaptación hasta dar con el que mejor nos funciona de acuerdo con nuestras necesidades. El tiempo de duración de esta etapa dependerá de cada persona y de la extensión del ritual en sí. No es lo mismo probar uno que apenas dura quince minutos que otro de tres horas. Puede llevarte unos pocos días o prolongarse varias semanas, o incluso meses. Ten paciencia y recuerda que los rituales son diferentes para cada persona. Evita compararte con los demás: su ritmo no es el tuyo y tampoco sus circunstancias de vida.

La francesa de origen venezolano María Sol Escobar, más conocida como Marisol, fue una artista de referencia en el *pop art*. Según recoge Mason Currey en su libro *Rituales cotidianos: las artistas en acción*, su rutina diaria «empezaba a mediodía, cuando Marisol se despertaba y desayunaba sus habituales huevos con jamón. Después salía de su apartamento en Murray Hill y se dirigía a su galería en la parte baja de Broadway, aunque por el camino se detenía a comprar materiales. (...) Se quedaba trabajando hasta bien entrada la noche y después solía ir a la parte alta de la ciudad para asistir a la apertura de galerías o a alguna fiesta, a menudo escoltada por Warhol. Cenaba tarde y luego solía retomar su trabajo».[23]

23. Currey, M., *Rituales cotidianos: las artistas en acción*, Madrid, Turner Publicaciones, 2020.

También Coco Chanel aparecía en su estudio alrededor de la una del mediodía, a pesar de que el personal empezaba a trabajar a las ocho y media de la mañana. No le gustaba madrugar. En cambio, la actitud de la actriz inglesa Gertrude Lawrence era bien distinta: se levantaba a las ocho y media de la mañana para hacer ejercicio, darse un masaje de pies y tobillos, desayunar y atender el correo de la mañana. Y aún más temprano amanecía la pintora y escultora Maggi Hambling, quien se levantaba cada día a las cinco de la mañana y se ponía a trabajar de inmediato en su estudio, encerrada con una taza de té: «El hecho de que mi rutina diaria sea constante es lo único que me permite ser valiente, asumir riesgos, y me anima a llevar mi trabajo hacia territorio desconocido», le explicó por correspondencia a Mason Currey. Todas ellas han sido grandes artistas que han alcanzado el éxito profesional en sus carreras, pero cada una ha enfocado sus rituales de forma distinta para permitir que su energía creativa fluyese y pudiera situarse en el estado de ánimo que necesitaba en cada momento.

En el caso de los rituales diarios, como el energizante y el relajante, será más fácil hacer mejoras sobre la marcha, debido al número de veces que los repetimos. Pero en el caso de otro tipo de rituales más ocasionales, deberemos practicarlos varias veces antes de usarlos en ese momento importante. Por ejemplo, si estamos creando un ritual para hablar en público, y eso es algo que solo hacemos una vez cada tres meses, será muy difícil que podamos identificar si nos está funcionando, o qué deberíamos cambiar en caso contrario. Con este tipo de rituales, mi consejo es que los probemos varias veces durante dos o tres semanas para percibir en qué estado de ánimo nos sitúan, y a partir de ahí hagamos las modificaciones necesarias antes de ponerlos en práctica el día de la charla.

Céntrate en un único ritual cada vez

La incorporación de un nuevo ritual implica crear varios hábitos a la vez, y eso ya supone exigirle bastante a nuestro cerebro. Como veremos a continuación, para que nos resulte más sencillo deberemos ir encadenando un hábito con otro. Sin embargo, aunque lo hagamos de este modo, estamos condicionando nuestra mente para conseguir alcanzar un determinado estado de ánimo. Si creamos demasiados rituales a la vez, no permitiremos que ninguno de ellos se asiente.

Mi recomendación es que empieces por crear tu ritual

relajante de antes de irte a dormir. Así lograrás condicionar tu mente para entrar en ese estado de calma que te permitirá acostarte más temprano. Cuando lo hayas repetido diariamente durante varias semanas, podrás continuar con tu ritual energizante para comenzar tu día de buen humor. De este modo, si quieres levantarte antes, tendrás asegurado el descanso. Si lo haces al revés, tus hábitos de la mañana perderán efectividad. Te levantarás muy pronto, quizá a las cinco o a las seis de la mañana, y tu ritual te llenará de energía, pero no te durará lo suficiente porque por la noche continuarás acostándote tarde y durmiendo mal. De nada te servirán tus rituales si no descansas lo suficiente.

Espera, déjame que lo repita nuevamente para que, ahora, puedas subrayarlo y grabarlo en tu mente: de nada te servirán tus rituales si no descansas lo suficiente. Es así de simple, tu cerebro no estará preparado para el condicionamiento mental que quieres realizar. El ritual energizante te impulsa hacia tu día, pero este despegue se vendrá abajo si no has dormido las horas necesarias. Puede salvarte tras una noche de insomnio, pero no es una pócima mágica para dormir cada día menos horas de las que tu organismo necesita. Como le especificó Marie Curie a su hermana en una carta de 1899, «trabajamos mucho, pero dormimos bien, y nuestra salud no padece por ello».

Cuando tengas integrados tus rituales relajante y energizante, podrás empezar a crear otro tipo de rituales para evitar el síndrome del domingo por la tarde, concentrarte para una tarea concreta, hablar en público o leer un libro aplicando el aprendizaje acelerado.

Empieza por fijar el primer hábito de tu ritual

Cuando trabajo en la creación de nuevos hábitos con mis alumnas de Hábitos Esenciales, siempre les recomiendo que empiecen por uno, como ya te adelanté en el capítulo anterior. El objetivo es que centren todos sus esfuerzos en este primer hábito sobre el que deberán aplicar todo lo que vayan aprendiendo durante el programa. A ti te aconsejo lo mismo. Una vez tengas diseñado el ritual que vas a seguir, céntrate en fijar el primer hábito con el que empezarás. El principal problema al que se enfrentan la mayoría de las personas que intentan incorporar nuevos hábitos a su día a día es que cuando se proponen crear varios hábitos a la vez no centran su energía en ninguno de ellos y, como consecuencia, se acaban dispersando. Sin embargo, los rituales de hábitos nos facilitan esta labor. Solo deberemos centrarnos en fijar un primer hábito y todos lo que vengan después quedarán vinculados a los anteriores.

Al hablar de los hábitos que condicionan nuestra mente y nuestro estado de ánimo, te mencioné brevemente la fórmula Señal – Acción – Recompensa que Charles Duhigg recogió en su libro *El poder de los hábitos* y que tiene su origen en el ABC del Comportamiento de la psicología conductista.

- La señal es el detonante que avisa a nuestro cerebro de que ha llegado el momento de realizar nuestro hábito. Puede ser una hora del día, que podemos marcar con una alarma en el teléfono móvil o un despertador; un lugar (al llegar a casa tras un día de trabajo), o un momento determinado (después de comer), sin importar la hora exacta.
- La acción es la realización del hábito en sí. Cuanto más definido lo tengamos, mejor. En lugar de establecer que vamos a «hacer ejercicio», indiquemos qué tipo de rutina vamos a practicar, con qué frecuencia y durante cuánto tiempo. Deberemos espe-

cificar el hábito al máximo para, de este modo, evitar que nuestro objetivo se acabe diluyendo.

- Finalmente, la recompensa es el refuerzo positivo que libera dopamina en nuestro cerebro y que nos permite fijar nuestro hábito. Como ya te adelanté en el capítulo 4, puede ser una recompensa interna para disfrutar el bienestar que nos transmite nuestro hábito o una recompensa externa con la que premiemos nuestra constancia. Lo más recomendable es contar con ambas.

Dentro de la ecuación formulada por Charles Duhigg, el autor James Clear introdujo un cuarto elemento en su libro *Hábitos atómicos*:[24] el anhelo. Esto es lo que provoca esa sensación de que es nuestro cuerpo el que nos pide la realización del hábito que hemos incorporado a nuestra rutina. De repente, un día sentimos la necesidad de hacer ejercicio cuando antes nos costaba horrores y buscábamos todo tipo de excusas para evitarlo. La fórmula final, por tanto, quedaría de la siguiente forma: Señal – Anhelo – Acción – Recompensa. Este nuevo com-

24. Clear, J., *Hábitos atómicos*, Barcelona, Diana-Planeta, 2020.

ponente es el que contribuye a la repetición del hábito. Cuando ponemos en práctica un hábito y recibimos una recompensa que hace que segreguemos dopamina, nuestro cerebro lo identifica como una acción positiva. Cuando lo repetimos, acaba asociando la dopamina a la propia acción.

Nos sucede lo mismo que a los perros de Pávlov cuando oían la campana y empezaban a salivar incluso antes de ver la comida. En el momento en que nuestro cerebro percibe la señal que hemos determinado, se activa el anhelo por recibir la recompensa y, con ello, el entusiasmo por practicar nuestro hábito. Sigamos con el ejemplo del ejercicio: pongamos que la señal es la alarma de nuestro móvil, que nos avisa de que ha llegado el momento de levantarnos y ponernos ropa deportiva. A continuación, practicamos la rutina de movimiento que hayamos elegido, y cuando terminamos, dedicamos unos instantes a sentir la satisfacción de habernos movido. Las hormonas de la felicidad están por todo nuestro cuerpo, sentimos nuestra recompensa interna, y de esta forma le indicamos al cerebro que acabamos de practicar una actividad positiva. Continuamos con nuestro hábito durante algunos días más, y llega un momento en que esa pereza inicial que sentíamos cuando sonaba la alarma y nos poníamos la ropa de hacer ejercicio ha desaparecido. Un día, por cualquier circunstancia, no podemos practicar deporte y sentimos que nos falta algo. Nuestro hábito ya se encuentra fijado, y al oír la alarma que nos despierta se activa el anhelo que nos pide que hagamos ejercicio.

Cuando fijamos el primer hábito de nuestro ritual, los siguientes quedan automatizados de forma más sencilla, ya que nos permiten entrar en ese piloto automático que hemos definido previamente y que nos ayuda a enlazar una actividad con la siguiente. Para fijar el primer hábito de tu ritual, aplica la fórmula empezando por establecer la señal. Por ejemplo, puedes activar una alarma en tu teléfono móvil que te avise de que ha llegado la hora de iniciar tu ritual relajante. El despertador también te servirá para levantarte de la cama y comenzar con tu serie de hábitos energizantes. Cuando se active tu señal, realiza ese primer hábito sin pensarlo. No le des a tu mente la oportunidad de pensar si lo hace o no, evita que te invada la pereza. Ciérrale la puerta a la posibilidad del «no» y ponte en marcha lo antes posible. Una vez hayas terminado el primer hábito, continúa con el siguiente. Además, si queremos que el anhelo se produzca y nuestro cerebro nos anime a repetir el primer hábito de nuestro ritual, es muy importante que percibamos una recompensa al finalizarlo. Por ello, cuando terminemos con el último hábito de nuestro ritual, dedicaremos unos instantes a percibir en qué estado se encuentra nuestra energía, qué nos ha proporcionado nuestra práctica y cuál es el grado de seguridad que sentimos para afrontar el siguiente paso: iniciar el día con buen humor, acostarnos y disfrutar de un sueño reparador, extraer el máximo aprendizaje del libro que vamos a leer o enfrentarnos a una audiencia deseosa de escucharnos.

Enlaza un hábito con otro dentro de tu ritual

Tal vez te preguntes qué sucede con los siguientes hábitos de tu ritual, y si en estos no se aplica la fórmula que acabamos de ver. Como te he comentado, esta ecuación es común a todos los hábitos que deseamos crear. Por tanto, sí, por supuesto que se aplica. En este caso la señal se corresponde con el hábito inmediatamente anterior. Pongamos que decides incluir tres hábitos en tu ritual para aumentar tu concentración: visualizar, practicar unos minutos de respiración consciente e iniciar una lista de reproducción con la que continuarás trabajando. Para el primer hábito, la señal puede ser la llegada a tu lugar de trabajo. Cuando te sitúes en tu escritorio, por ejemplo, realizarás una visualización de cómo esperas que sea tu día. Practicar este hábito servirá como detonante del siguiente, respirar de forma consciente centrándote en tus inhalaciones y exhalaciones. Nuevamente, este segundo hábito será la señal que dé comienzo a la tercera y última acción: reproducir tu lista de música. ¿Y la recompensa? La sentiremos al final del último hábito y se aplicará al ritual completo, por lo que nos servirá como anhelo para todos los hábitos que formen parte de este.

Siente la recompensa interna y prémiate con recompensas externas

Curiosamente, el uso de las recompensas suele ser lo más difícil para mis alumnas del programa Hábitos Esenciales. Con frecuencia se olvidan de sentir la recompensa interna después de practicar su ritual de hábitos, y les cuesta encontrar con qué premiarse por su constancia. De hecho, muchas de ellas me han confesado que se sienten mal al introducir una recompensa externa porque sienten que están haciendo lo que deberían y que, por tanto, no tendría que existir un premio por ello. Estas situaciones pueden ocurrirte a ti cuando pongas en práctica tu ritual de hábitos. Sin embargo, permíteme que te insista sobre la importancia de incluir recompensas internas y externas dentro de tu ritual.

Como acabamos de ver, el proceso para fijar un hábito que sirva como detonante de todo el ritual pasa por la necesidad de sentir el anhelo. Nuestra mente debe desear el hábito que vamos a practicar en primer lugar. Si no sucede así, la única forma de llevar a la práctica nuestro ritual de hábitos será haciendo uso de la fuerza de voluntad, y esta se acabará agotando. Llegará un momento en que, por unas u otras circunstancias, acabaremos perdiendo el interés en nuestros hábitos y permitiremos que otras actividades menos beneficiosas las acaben sustituyendo. Sentiremos que hemos fracasado y, como consecuencia, volveremos a adquirir el papel de víctima del que habíamos logrado librarnos: «No soy capaz de mantener ningún hábito», «esto no es para mí», «no logro nada de lo que me propongo», entrando de nuevo en esa espiral de pensamientos negativos que tan poco nos ayudan.

Necesitamos fijar los hábitos de nuestro ritual en nuestro cerebro, para que queden automatizados y nos permitan hacer acopio de la energía que necesitamos en determinados momentos. Con este objetivo en mente, utilizaremos las recompensas para reforzar el anhelo:

- Contaremos con una recompensa interna que nos permita sentir en qué estado de ánimo nos encontramos tras la práctica del ritual, y así percibir sus efectos.
- Y una recompensa externa con la que nos premiemos por la práctica reiterada del ritual, sobre todo en aquellos de uso diario. Para los rituales ocasionales, podemos usar este tipo de premios durante la fase de adaptación, mientras lo implementamos y repetimos con mayor frecuencia.

La recompensa interna es fácil de conseguir, solo tienes que dedicarle un minuto de tu tiempo tras finalizar tu ritual. Para la recompensa externa, te recomiendo contar con un listado de todo aquello que te gustaría hacer y que te hace sentir bien: un café en una cafetería especial, una sesión de spa en casa o un paseo por un lugar al que hace tiempo que no vas. Tú eliges tus propias recompensas, pero debes sentirlas como tales: son premios que te concedes por haberte esforzado y haber logrado alcanzar tus metas.

Recuerda que, para que tus rituales sean efectivos y de verdad te ayuden a situar tu energía en el lugar en que la necesitas, debes contar con un tiempo de adaptación durante el cual harás las modificaciones que precises hasta dar con la combinación de hábitos perfecta para ti, y a continuación te centrarás en fijar ese primer hábito que habrá de servir como detonante de todos los demás. Ahora ya tienes toda la información para empezar a trabajar en tus rituales de hábitos, pero... ¿por dónde empezar? Te recomiendo que continúes leyendo el siguiente capítulo de este libro y te inspires en las ideas de rituales prediseñados que he preparado para ti. Puedes seguirlos paso por paso si sientes que encajan con lo que necesitas, o adaptarlos como mejor consideres.

¿Todo preparado para llenarte de inspiración? Ha llegado el momento de pasar página y elegir tu primer ritual.

EJERCICIO PRÁCTICO
Pon el foco en el primer hábito de tu ritual

Para poner en práctica un ritual, solo deberemos activarnos comenzando con el primero de los hábitos que lo conforman. Una vez lo iniciemos, iremos enlazando una actividad con otra casi sin darnos cuenta. Por eso, en este ejercicio te propongo que rellenes la ficha de hábitos que comparto contigo entre las hojas de trabajo gratuitas que encontrarás en mi web: www.ritualesdehabitos.com/ejercicios.

Tan solo deberás definir cuál es el primer hábito de tu ritual, determinar qué señal utilizarás para activarlo, describirlo con detalle para saber en qué consistirá y concretar cuál será la recompensa interna que sentirás al finalizar el ritual.

Con este ejercicio te resultará más sencillo incorporar a tu rutina ese primer hábito que servirá de detonante de todos los demás.

RITUALES DE HÁBITOS
El primer hábito de mi ritual (capítulo 8)

¿Cuál es el primer hábito de tu ritual?
Indica qué harás, cuándo, por qué y cuánto tiempo le dedicarás.

¿Cómo se activa? ¿Cuál es tu SEÑAL?
Por ejemplo, tu alarma en el móvil, al llegar a casa, etcétera.

¿Cuál es la recompensa interna que te proporciona este hábito concreto?
Por ejemplo: *Hacer ejercicio me llena de energía y me pone de buen humor.*

¿Cuál es la recompensa interna de tu ritual completo?
Por ejemplo: *Activarme para iniciar las mañanas con alegría.*

A MODO DE RESUMEN...

✓ Siempre que diseñemos un nuevo ritual de hábitos, necesitaremos contar con un proceso de adaptación en el que se producirá el condicionamiento y podremos aplicar los cambios que necesitemos.

✓ Para los rituales de práctica ocasional, primero deberemos seguirlos de manera frecuente durante varias semanas. Así tendremos nuestra mente preparada cuando realmente los necesitemos.

✓ Es importante que te centres en un único ritual cada vez y evites abarcar demasiados al mismo tiempo. Si saturas tu mente, no lograrás el objetivo que te has propuesto.

✓ Empieza fijando el primer hábito de tu ritual, ya que es el más difícil de fijar y servirá como señal de la rutina completa que vamos a realizar de acuerdo con la fórmula Señal – Acción – Recompensa.

✓ Dedica siempre unos minutos a sentir los efectos del ritual una vez concluido. Así obtendremos una recompensa interna que nos permitirá fijar el anhelo y reformular la ecuación Señal – Anhelo – Acción – Recompensa.

Capítulo 9

IDEAS DE RITUALES PREDISEÑADOS PARA TI

La perseverancia no es una carrera de fondo, son muchas carreras cortas una detrás de otra.

WALTER ELLIOT

A lo largo de este libro hemos descubierto cómo los hábitos pueden ayudarnos a situar nuestra mente y nuestro estado de ánimo en la energía que necesitamos, más activa o relajada según la situación a la que nos enfrentemos. Hemos aprendido cómo nuestros pensamientos afectan a nuestras emociones y cómo podemos utilizar las bases del condicionamiento mental para influir, a través de los rituales de hábitos, en cómo nos sentimos en cada momento. Además, he compartido contigo la fórmula para crear tu ritual desde cero paso a paso y fijar el primer hábito que se convertirá en guía de todos los demás, con determinación y superando la pereza.

Como he mencionado anteriormente, la mejor forma de empezar con los rituales de hábitos es tomando otros rituales como referencia y adaptándolos a nuestras necesidades, sobre todo cuando no sabemos qué hábitos deberíamos incluir en nuestros rituales y eso nos paraliza cuando intentamos crearlos desde cero.

Por eso, en este último capítulo, me gustaría compartir contigo algunas ideas de rituales prediseñados que podrás utilizar para los objetivos que te propongo, o transformarlos como mejor te parezca a fin de alcanzar la energía que necesitas para cada instante.

Ritual energizante / matinal (1 hora)

Cuando practicamos un ritual de este tipo, nuestro objetivo es llenarnos de energía para afrontar el día que tenemos por delante. Lo que les ocurre a muchas personas es que se levantan con el tiempo justo y preciso para arreglarse, tomarse un café rápido y salir corriendo por la puerta. No se produce una transición gradual del sueño al estado de alerta, y eso dispara sus niveles de estrés. Su energía depende de estimulantes externos como el café, y hasta pasadas unas horas no se sienten completamente despiertas, lo cual afecta a su productividad matinal.

Contar con un ritual energizante nos permite empezar el día bajo nuestros propios términos, dedicando la primera hora desde el momento en que nos levantamos a la que debería ser nuestra prioridad absoluta: nuestro bienestar. Si no estamos bien, difícilmente podremos cuidar de todo lo demás, ya sea la familia, las relaciones sociales o el trabajo.

Este ritual está pensado para que lo practiques en una hora, pero puedes ampliar el tiempo de cada hábito si así lo deseas:

- Páginas matinales (15 minutos)
- Formación (20 minutos)
- Ejercicio físico (20 minutos)
- Meditación (5 minutos)

Cuando suene el despertador, levántate y prepárate para tu ritual haciendo lo que necesites: ir al baño, lavarte la cara, beber agua, hacerte una infusión... y, entonces, comienza con tu ritual. A continuación, escribe en tu diario para ir despertando tu mente a través de las palabras. Yo te aconsejo que pongas en práctica las páginas matinales, porque te permiten practicar una escritura automática que no requiere que te preocupes por el estilo ni por lo que estás contando. Lo importante es que liberes tu mente de esos primeros pensamientos del día. Si lo haces así, sin pensar demasiado en lo que estás escribiendo, deberías terminar en unos quince minutos.

Los siguientes veinte minutos los dedicarás a la formación. Puedes leer un libro sobre un tema que te interese aprender (como este que sostienes en tus manos), avanzar con la lección de un curso en línea o ver un vídeo en YouTube que te ofrezca alguna enseñanza. Por ejemplo, una charla TED. Este hábito te ayudará a activar aún más tu mente, que durante la primera hora, tras levantarte, se mostrará más receptiva a esos nuevos conocimientos.

Ahora que has activado tu mente, vayamos con tu cuerpo. El ejercicio físico contribuirá a oxigenar tu cerebro, a segregar las hormonas de la felicidad que ya conoces y a sentir el impulso final de energía que necesitas. Te aconsejo dedicar estos veinte minutos a alguna rutina cardio y/o de fuerza: puedes seguir un entrenamiento en vídeo, salir a correr o hacer bicicleta estática. Recuerda dedicar unos minutos finales al estiramiento y, cuando termines, encuentra un lugar tranquilo y medita durante cinco minutos en un lugar tranquilo. Esta práctica te ayudará a favorecer el refuerzo positivo de tu recompensa interna. Dedica unos instantes a sentir cómo te encuentras.

Ya puedes continuar con tu jornada para ducharte, desayunar y terminar de arreglarte.

Ritual energizante / matinal (15 minutos)

En ocasiones, no disponemos de una hora para practicar nuestro ritual energizante nada más levantarnos. Quizá porque entramos muy pronto a trabajar, porque terminamos muy tarde o porque nuestros hijos son pequeños y nos interrumpen. De cualquier modo, puedes seguir un ritual más corto que también te funcione como transición y te permita disfrutar de este breve rato para ti.

Puedes seguir este ritual a diario cuando tu rutina no te permita disponer de más tiempo, o utilizarlo como Ritual

Mínimo Viable para sustituir al anterior en días puntuales. Si en lugar de quince minutos puedes contar con media hora, solo tendrás que alargar cada uno de estos hábitos:

- Visualización del día por escrito (5 minutos)
- Afirmaciones y agradecimientos (3 minutos)
- Baile de una canción animada (4 minutos)
- Respiración consciente (3 minutos)

Comienza tu ritual escribiendo cómo será tu día. Esto te permitirá hacer un breve repaso mental de tu planificación de la jornada situándote en la energía que necesitas para cumplir con tu tarea diaria. Describe en una sola página cómo lograrás superar el día que tienes por delante. Continúa con una o varias afirmaciones que te permitan reforzar tus creencias para el día que empieza y termina con un agradecimiento. Este segundo hábito puedes desarrollarlo por escrito o mentalmente.

En lugar de poner en práctica toda una rutina de ejercicio, pon música (usa los auriculares si es necesario) y baila una canción animada que te ponga de buen humor. Dalo todo sobre tu particular pista de baile y así conseguirás un efecto similar al del ejercicio físico en cuanto a dopaminas y oxigenación se refiere. Termina con unos minutos de respiración consciente: activa el temporizador en tu teléfono móvil y céntrate en cómo entra el aire por la nariz y lo expulsas por la boca.

Como has visto, ninguno de los rituales energizantes incluye mirar el teléfono móvil. Si quieres tener tiempo para practicarlos y cuidar tu energía nada más levantarte, deja las redes sociales y los correos electrónicos aparcados hasta después del desayuno.

EXTRA. El ritual matinal de Susana Torralbo para días importantes

Susana Torralbo es publicista y se dedica a asesorar en comunicación y marketing digital a otras marcas. También ofrece formaciones presenciales y en línea. Usa este ritual para una gran variedad de situaciones: escribir algo importante, grabar vídeos para cursos virtuales, dar una clase o hacer una sesión de fotos.

- Intento terminar lo más tranquila posible el día anterior, dejando espacio para desconectar un poco y relajarme (me reservo 1 hora para mí al final del día).

- Mis momentos más productivos son las mañanas, así que me planifico el día de modo que ese momento importante tenga lugar a primera hora.
- Ese día, al vestirme, elijo prendas que me hagan sentir especialmente bien (5 minutos).
- Desayuno en calma y de forma abundante. Con el estómago lleno, me concentro mejor (30 minutos).
- Escribo tres afirmaciones positivas sobre lo que va a pasar a continuación (5 minutos).
- Pongo música. Tengo varias listas en Spotify con canciones que me inspiran para hacer determinadas actividades. Me funciona especialmente bien empezar a oír alguna de esas listas un rato antes de iniciar esa actividad importante y no en el mismo momento en que he de comenzar. De esta manera, mi cabeza se va preparando para lo que está por llegar. Es un modo de condicionarme a mí misma (15 minutos antes de empezar).

Ritual relajante / nocturno (1 hora)

Para que nuestro ritual energizante funcione, tenemos que dormir las horas que necesitamos y cuidar la higiene del sueño, que es el concepto que los expertos utilizan para referirse a su calidad. La mejor forma de lograrlo es incorporando un ritual relajante antes de irnos a dormir.

Lo ideal es que dure una hora, para que así evitemos mirar pantallas durante ese tiempo. La luz que emiten los teléfonos móviles, las tabletas o la televisión envía señales al cerebro que le hacen creer que aún es de día y, en consecuencia, dificulta el descanso. Si a ello sumamos la posibilidad de que un mensaje o comentario de las redes sociales nos afecte negativamente, estamos creando un buen cóctel favorecedor del insomnio. Para evitarlo, ¿qué puedes hacer en tu ritual relajante?

- Estiramientos (10 minutos)
- Iluminación suave y en tonos anaranjados (1 minuto).
- Música relajante (durante el tiempo que dure el ritual)
- Limpieza e hidratación facial (10 minutos)
- Infusión sin teína (3 minutos)
- Lectura de ficción (20 minutos)
- Higiene bucal (5 minutos)
- Meditación (10 minutos)

Comienza estirando los músculos de tu cuerpo para relajarlo de las tensiones del día. A continuación, enciende solo las luces más suaves de tu hogar, preferiblemente en tonos anaranjados, ya que favorecen la producción de melatonina, la hormona del sueño. Yo utilizo una bombilla regulable que me permite elegir la intensidad de la luz y el tono (blanco, amarillo o naranja). Es una inversión que merece la pena, te lo aseguro. Sigue con una lista de música que te relaje. Puedes usar algunas de las que hemos incluido para ti en mi web: www.ritualesdehabitos.com/ejercicios.

Continúa con la limpieza y la hidratación de tu piel, incluso si no te maquillas. Tu piel se ensucia con la polución de las ciudades, el polvo y el sudor. Usa productos de calidad que tengan un aroma que te resulte agradable. Tu mente acabará asociando estos olores con ese momento de relajación y contribuirá a tu sueño.

Si te apetece, prepárate una bebida caliente, como un rooibos u otro tipo de infusión, ya que el calor te ayudará a relajarte. Vigila que no tenga cafeína ni teína —es mejor que evites este tipo de bebidas estimulantes durante las cinco horas previas a acostarte (es el tiempo que la cafeína permanece de media en el cuerpo)—. Mientras disfrutas de la infusión, lee un libro. Busca un título que te sirva para desconectar, como una novela de ficción o relatos cortos. Si eliges un libro que activa tu mente, como me sucede a mí con los libros de negocios, no conseguirás relajarte ni desconectar.

Para terminar, lávate los dientes, pásate el hilo dental y utiliza enjuague bucal. Finaliza tu ritual de relajación con una meditación de 10 minutos que te ayude a dormir mejor. Si la practicas en la cama, te aseguro que no podrás resistirte al embrujo de Morfeo.

Ritual relajante / nocturno (32 minutos)

Si buscas calmar tu mente y relajarte antes de dormir, lo mínimo que deberías dedicar a tu persona antes de acostarte es media hora. Si le dedicas menos tiempo irás con prisas y lograrás el efecto contrario, cuando lo que queremos evitar precisamente es el estrés antes de irnos a dormir.

- Estiramientos (5 minutos)
- Iluminación suave y en tonos anaranjados (1 minuto)
- Música relajante (durante el tiempo que dure el ritual)

- Limpieza e hidratación facial (10 minutos)
- Higiene bucal (5 minutos)
- Meditación (10 minutos)

En la versión reducida de este ritual, simplemente hemos reducido los minutos que dedicamos a algunos hábitos y hemos eliminado el tiempo de lectura, aunque confiamos en que encuentres otro momento para leer durante el día.

Ritual de concentración - PARTE 1 (5 minutos)

La dispersión y la falta de concentración son uno de los principales motivos de la baja productividad. Como somos incapaces de centrar nuestra atención durante mucho tiempo, nos distraemos con facilidad. Las notificaciones del teléfono móvil y la facilidad de nuestro cerebro para buscar una salida ante una tarea compleja tampoco nos lo ponen nada fácil.

Un buen ritual de concentración nos ayudará a mantener el foco durante más tiempo y a reducir las distracciones. Además, es recomendable que, durante el período de concentración, realicemos breves pausas de entre cinco y quince minutos. Así lograremos mantener la energía durante un mayor número de horas. Por este motivo, el presente ritual consta de dos partes. La primera, que te mostraré a continuación, es para poner en práctica antes de iniciar tu jornada de trabajo o estudio. La segunda parte, aún más breve, la utilizarás después de cada pausa.

- Móvil fuera de la habitación o guardado en un cajón (0 minutos)
- Propósito (2 minutos)
- Respiración consciente (1 minuto)
- Disposición de los materiales requeridos (1 minuto)
- Música para favorecer la concentración (durante la siguiente actividad)

Si quieres concentrarte, lo primero que debes hacer es olvidarte del teléfono móvil. No basta con que apagues las notificaciones, porque si lo tienes delante sentirás la tentación de encenderlo cuando tu cerebro trate de huir de una tarea exigente. Déjalo fuera de la habitación o bien guardado en un cajón, donde no puedas verlo y, por supuesto, siempre en silencio.

Para establecer tu propósito, piensa en qué consiste la tarea que tienes delante y qué quieres lograr durante el tiempo que le dedicarás. ¿Qué epígrafes del temario que estás estudiando quieres abarcar? ¿Qué puntos del informe que estás escribiendo quieres terminar? ¿Cuántos vídeos quieres grabar? Determina cuál es tu intención para este período de concentración, y acto seguido respira de forma consciente durante un minuto. No tienes por qué cerrar los ojos, simplemente fija tu atención en tus inhalaciones y exhalaciones.

Antes de empezar con la tarea que tienes por delante, asegúrate de tener todo lo que necesitas y deshazte de todo lo demás. ¿Necesitas un libro? Tenlo delante. ¿No te hace falta conectarte a Internet? Aplica el modo avión y desconecta tu portátil del wifi (o quita el cable de red si es un ordenador de sobremesa, como he hecho yo mientras escribía este libro). Una buena lista de música te ayudará a concentrarte: por lo general, evita las canciones con letra (con alguna excepción). Recuerda que en la página web de recursos de este libro encontrarás algunas listas con música instrumental y bandas sonoras: www.ritualesdehabi tos.com/ejercicios.

Ritual de concentración - PARTE 2
(2 minutos)

Después de cada pausa, vuelve a condicionar tu mente para recuperar la concentración que tenías antes. Lo conseguirás repitiendo brevemente algunos de los hábitos de la primera parte, en concreto dos:

- Establece tu propósito (1 minuto)
- Respiración consciente (1 minuto)

Vuelve a definir qué quieres conseguir en este período de concentración y respira profundamente, centrando tu foco en el aire que inhalas y exhalas. Si además cambias de tarea, asegúrate de nuevo de tener todo lo que necesitas.

EXTRA. El ritual de Oscar Feito para afrontar proyectos importantes

Oscar Feito es un emprendedor con veinte años de experiencia construyendo negocios en línea, mentor de emprendedores y creador del *podcast La Academia de Mar-*

keting Online, que cuenta con más de trescientos episodios y casi cuatro millones de descargas.

- Lo primero que hago es dividir la tarea o reto en cuestión en diferentes piezas para que sea más fácil de digerir. Por ejemplo, si tengo que preparar una ponencia o impartir un *webinar*, hago una lista con todos los pasos necesarios para no volverme loco.
- Lo segundo es poner cada uno de esos pasos en el calendario: si no está en el calendario, para mí no existe.

Este ritual le ayuda a que tareas, retos y situaciones potencialmente complejas resulten más fáciles de abordar y digerir. Así me lo explicaba él: «Poner en el calendario algo como "Preparar *webinar*" puede ser abrumador. En cambio, si una tarea es "Investigar asistentes", otra es "Preparar puntos clave", otra es "Preparar diapositivas" y otra es "Ensayar *webinar*", de repente se vuelve más fácil».

Ritual para hablar en público - PARTE 1
(75 minutos)

Enfrentarnos a una audiencia y exponerle una serie de conocimientos en voz alta quizá sea uno de los mayores temores de muchas personas. Mis alumnas palidecen cuando les pido grabar un vídeo sobre su experiencia con mis programas y prefieren hacerlo por escrito siempre que sea posible. Hablar en público da mucho miedo a la mayoría de las personas que no lo han hecho nunca. Afortunadamente es un temor que podemos vencer con práctica.

Si además contamos con un buen ritual que nos ayude a calmar los nervios y a elevar nuestro nivel de energía para conectar con el público que va a escucharnos, lograremos enfrentarnos mucho mejor a este reto.

Tal como sucedía con el ritual anterior, volvemos a tener dos partes. Una primera que realizaremos en la mañana del evento. Puede sustituir a nuestro ritual energizante si no nos da tiempo de hacer ambos, pero lo ideal es contar con tiempo para los dos. De hecho, los días que tengo conferencias evito asignarme cualquier otra tarea, y así tengo mi energía centrada únicamente en la charla que voy a dar.

- Ejercicio cardio (25 minutos, si no lo has hecho en tu ritual energizante)
- Afirmaciones (5 minutos)
- Revisión de la presentación (15 minutos)
- Práctica de la entrada y el cierre (5 minutos)
- Ejercicios de voz (10 minutos)
- Meditación (15 minutos)

Si en tu ritual energizante no has hecho ejercicio cardiovascular, inclúyelo en el ritual para hablar en público, y ese día incluso puedes alargar la sesión uniendo ambos rituales. El objetivo es que liberes tensiones en tu cuerpo y produzcas esas hormonas que te ponen de buen humor.

Continúa con afirmaciones positivas que te ayuden a ganar confianza y seguridad. Aquí van algunas ideas: «Soy capaz de lo que me proponga», «tengo la confianza necesaria para hablar en público», «sé de lo que hablo y lo transmito con energía». Estoy segura de que durante los días previos habrás revisado tu presentación y a estas alturas ya te sabrás al dedillo tu ponencia. Aun así, vuelve a revisarla y fíjate especialmente en el orden de los contenidos. También te recomiendo que practiques el primer minuto de tu conferencia y el cierre. ¿Cómo vas a saludar, qué dirás para presentarte y cómo te despedirás?

Antes de terminar, practica algunos ejercicios para calentar la voz. En YouTube encontrarás tutoriales que te ayudarán a hacerlo. Y finaliza con una meditación de quince minutos que te transmita la paz interior que necesitas. Mantén esta energía durante el resto del día, evita cualquier actividad que te altere y cuida tu voz usándola lo menos posible hasta que salgas al escenario.

EXTRA. El ritual de Vilma Núñez para hablar en público

Vilma Núñez es CEO de Convierte+, una importante agencia de marketing digital que también se dedica a la formación de profesionales. Además es una de las conferenciantes más solicitadas en los eventos de marketing y comunicación. Vilma compartió conmigo que practica este ritual para estar más tranquila y confiada antes de hablar en público, realizar un *webinar* en directo o tener una reunión importante con un cliente.

- Empiezo visualizando cómo voy a terminar
- Agradezco la oportunidad
- Me reafirmo en lo que quiero transmitir

Ritual para hablar en público - PARTE 2 (10 minutos)

Antes de dar tu charla, encuentra un lugar tranquilo donde practicar la segunda parte de tu ritual. Nuestro objetivo con esta segunda parte es que disminuyas los nervios que tal vez sientas antes de este momento, que te llenes de entusiasmo y te centres por completo en lo que quieres transmitir.

- Visualización del escenario (4 minutos)
- Bailar una canción animada (4 minutos)
- Respiración consciente (1 minuto)
- Beber agua (1 minuto)

Empieza practicando un ejercicio de visualización en el que te veas entrando en el escenario o conectando tu cámara en un *webinar*. Tu energía está tranquila y, si sientes que te inquietas durante esta práctica, respira lentamente mientras te visualizas en ese estado de calma.

Cuando lo hagas, llénate de energía con una canción que te encante y que te ponga de buen humor. Baila, salta, libera las tensiones que aún te queden y disfruta de la dopamina, la serotonina y las endorfinas que tu cerebro estará segregando. Si hace falta, enciérrate en un baño y ponte los auriculares.

Termina con un minuto de respiración consciente que te ayude a mantener la concentración que necesitas y recuerda beber un vaso de agua. Tu boca se secará en los primeros minutos y, aunque puedes tomar algún sorbo, te sentirás mejor con un extra de hidratación.

EXTRA. El ritual de Juanma Romero antes de presentar

Juanma Romero es periodista y, como tal, presenta y dirige el programa *Emprende* de RTVE. Antes de iniciar la grabación de un programa o de dar una conferencia, practica un ritual de visualización que le ayuda a realizar mejor su trabajo y a conectar verdaderamente con su audiencia. Como él mismo me comentó, le sirve para ofrecer a los demás lo que ellos necesitan. ¿En qué consiste este ritual?

- Primero, pienso que lo voy a hacer muy bien.
- Y, después, que en cualquier momento la puedo fastidiar.

De esta forma, Juanma está preparado para dar lo mejor de sí mismo: «Esa mezcla entre la confianza y la prudencia me ayuda a prevenir más errores de los que ya cometo». ¿Recuerdas cuando te contaba que Michael Phelps también visualizaba los posibles obstáculos que se podía encontrar en una carrera? Prepárate para que suceda lo peor y serás capaz de dar lo mejor de ti.

Ritual de desconexión (20 minutos)

Muchas personas encuentran dificultades a la hora de desconectar de una determinada situación antes de seguir adelante con su vida. Nos sucede, por ejemplo, cuando terminamos de trabajar y llegamos a casa, pero nuestra mente aún está en la oficina con los problemas que ha tenido que afrontar durante el día. También, cuando afrontamos una situación difícil en el ámbito personal, como una discusión con alguien querido, y a continuación debemos recuperar nuestra energía para lograr concentrarnos y sacar adelante nuestro trabajo. Cuando te encuentres en este tipo de situaciones, prueba a poner en práctica este ritual de desconexión. Su duración aproximada es de veinte minutos, pero puedes acortarlo o alargarlo según tus necesidades.

- Paseo (15 minutos)
- Meditación (5 minutos)

Son solo dos hábitos, pero ni te imaginas lo poderosos que pueden llegar a ser. Pasear de forma consciente te ayudará a desconectar de las situaciones que has vivido. Para ello necesitarás centrar tu atención en las sensaciones que rodeen tu paseo: ¿qué sientes al caminar? ¿Cómo es la temperatura del aire? Identifica qué ves (un árbol, una persona con su perro, el color rosado de las nubes al atardecer). ¿Qué aromas te encuentras en tu camino? El olor de los árboles, si te adentras en un parque, o quizá el delicioso olor de una pastelería al pasar por delante, si caminas por tu ciudad.

Caminar te resultará más beneficioso que desplazarte en coche, moto o transporte público, pero si regresas del trabajo en alguno de estos vehículos, prueba a concentrarte en el camino, en lugar de seguir dándole vueltas en tu cabeza a los problemas del día. Cuando hayas llegado, da una vuelta a la manzana antes de entrar en casa.

Evita distraerte escuchando *podcasts* o llamando a otra persona por teléfono. Si necesitas una verdadera desconexión, encuéntrala a través de ti y no dejes que tu mente busque un lugar al que escapar.

Una vez termines tu paseo, encuentra un lugar tranquilo y medita durante cinco minutos. Tu cuerpo se sentirá aún más relajado y te permitirá reconectar contigo y con la energía que necesitas.

Aunque lo ideal es que cuentes con estos veinte minutos para que la desconexión se produzca, puedes acortar este ritual esporádicamente si así lo necesitas, dedicando menos tiempo al paseo y convirtiendo la meditación en un minuto de respiración consciente. Y si puedes dedicarle más tiempo, mejor todavía.

Ritual de relajación diurno (15 minutos)

Además de contar con nuestro ritual relajante diario, que practicamos antes de irnos a dormir, puede resultarnos útil tener otro tipo de rutina para calmar nuestra energía ante un momento de estrés o ansiedad. Este ritual lo puedes practicar solo o vincularlo con el anterior que hemos visto.

El objetivo es que en pocos minutos puedas recuperar tu paz interior sin que los acontecimientos externos te afecten. Te resultará especialmente útil tras una conversación tensa, un pico puntual de trabajo durante la jornada o cualquier otra situación que te ponga los nervios a flor de piel.

- Respiración consciente (2 minutos)
- Relajación muscular (3 minutos)
- Bebida caliente reconfortante (5 minutos)

Encuentra un lugar tranquilo donde puedas centrar toda tu atención en el acto de respirar, manteniendo una secuencia de 4-7-8, es decir: inhala durante cuatro segundos, mantén el aire durante siete y exhala durante ocho segundos. Continúa con este ritmo hasta completar dos minutos.

Después, cierra los ojos y escanea tu cuerpo desde la cabeza a los pies. Localiza qué músculos están en tensión y relájalos todo lo que puedas: la frente, la mandíbula, los hombros, el pecho, el abdomen, las piernas, los pies...

Cuando termines, toma una bebida caliente que te reconforte, a ser posible que no tenga cafeína ni teína.

Ritual de reactivación (15 minutos)

También puedes encontrarte ante situaciones que te cansen, o incluso te adormilen hasta el punto de impedirte mantener el nivel de energía que necesitas para el resto de la jornada. Te puede ocurrir, por ejemplo, después de una larga reunión, de una conferencia o cuando termines de comer y necesites seguir trabajando por la tarde.

En estos casos, precisas de un ritual de reactivación que en solo quince minutos te permita recuperar la energía sin tener que recurrir a estimulantes externos, como el café. Recuerda que si quieres descansar correctamente deberías evitar tanto la cafeína como la teína cinco horas antes de irte a dormir.

- Música animada (durante el tiempo que dure el ritual)
- Paseo al aire libre (10 minutos)
- Vaso de agua (1 minuto)
- Orden en tu mesa (4 minutos)
- Elegir una tarea que te guste

Reproduce esa lista de música que tienes con canciones que te ponen de buen humor y escúchala mientras realizas el ritual. Da un paseo de diez minutos al aire libre para activarte de nuevo: el aire fresco y el sol te ayudarán a conseguirlo, así que evita hacerlo en espacios cerrados como los pasillos de tu oficina.

Bebe agua, contribuirá a hidratar tu cuerpo, en especial el cerebro: lo necesita para alcanzar la concentración más adelante. Cuando regreses a tu lugar de trabajo, ordénalo y prepárate para la siguiente tarea que vayas a realizar. Poner en orden tu espacio físico también te ayudará a reorganizar las ideas. Finalmente, elige una tarea que te resulte agradable y evita aquellas tareas mecánicas que te provocan aburrimiento.

Si optas por ampliar este ritual y agregar una siesta, deberá durar como máximo veinte minutos, ya que pasada la media hora entramos en un estado de sueño profundo, que es cuando nuestro cerebro comienza a trabajar para almacenar recuerdos y reparar células. Si te despiertas con una alarma o un despertador pasado este tiempo, te costará mucho más levantarte.

Ritual creativo (15 minutos)

Cuando tenemos por delante una tarea creativa que nos exige una concentración especial, debemos crear un ambiente que nos ayude a llamar a las musas, favorezca la inspiración y contribuya a que la energía fluya.

Este tipo de rituales son muy personales, ya que se encuentran muy influenciados por los gustos de cada cual y por el trabajo que deba realizar. Por eso, te invito a adaptarlo a tus necesidades modificando lo que sea necesario.

- Agenda bloqueada
- Notificaciones desactivadas
- Meditación *mindfulness* (5 minutos)
- Buen ambiente: luz, aromas y sonidos (3 minutos)
- Propósito creativo (2 minutos)
- Ejercicios de calentamiento (5 minutos)

Para que tu trabajo creativo fluya, es importante que reserves algunas horas para dedicarte únicamente a esa tarea que tienes por delante. Si cuentas con poco tiempo o tienes que estar atendiendo otras cuestiones, será imposible que puedas sumergirte en ese estado de fluidez que necesitas. Así que, cuando planifiques tu semana, recuerda bloquear tu agenda para que nada ni nadie te interrumpa. En este sentido, es importante que dejes el móvil fuera de la habitación o desactives las notificaciones.

La meditación *mindfulness* te ayudará a lograr una mayor concentración y a centrarte en tu momento presente. Puedes dedicarle más tiempo si lo deseas, pero cinco minutos sería el mínimo en este caso para alcanzar la energía que buscas. Además, te aconsejo crear un ambiente agradable en tu lugar de trabajo: contar con la iluminación adecuada para ti, encender incienso, una vela aromática o un difusor de esencias naturales y reproducir una lista de música que te ayude a fluir.

Antes de empezar a trabajar, establece cuál será tu propósito creativo para la sesión: ¿qué quieres conseguir?, ¿hasta dónde te gustaría llegar? Y, finalmente, practica algunos ejercicios de calentamiento previos a la tarea que tienes por delante. Por ejemplo, antes de grabar vídeos para mi canal de YouTube, caliento la voz y practico lo que voy a decir frente a la cámara.

Ritual de aprendizaje (5 minutos)

Algunas personas tienen la sensación de estar pasando de puntillas por la vida, con prisas para llegar a ninguna parte. Ven los vídeos de YouTube al doble de velocidad y consumen contenidos como quien come de una sentada, y de forma compulsiva, una bolsa de patatas fritas. Pero, al igual que nos ocurre con las patatas, cuando intentamos acelerar los procesos más de la cuenta acabamos sufriendo una indigestión mental. Nuestros pensamientos se vuelven pesados y apenas recordamos unas vagas ideas de aquello que hemos estudiado, tanto si se trata de leer un libro, como de estudiar un curso en línea o inscribirnos en un programa de *coaching* con sesiones de mentoría.

Con este ritual tendrás mejor disposición para asimilar un aprendizaje más profundo y para retener un conocimiento mucho más amplio.

- Ambiente agradable (2 minutos)
- Vistazo rápido a los temas (1 minuto)
- Propósito de aprendizaje (1 minuto)
- Respiración consciente (1 minuto)

Empieza por adaptar el ambiente para favorecer tu aprendizaje. Si vas a leer un libro, adapta la luz. Ponte una lista de música que te ayude a concentrarte, como la lista Focus ZEN que encontrarás en mi web (www.rituales dehabitos.com/ejercicios), y prepárate tu bebida favorita. Si lo deseas, también puedes encender una vela aromática natural.

A continuación, echa un vistazo a los próximos temas que vas a ver. Bastará con leer los títulos, eso te permitirá conocer hacia dónde te diriges y establecer con mayor confianza tu propósito de aprendizaje. Para lograrlo, un ejercicio que a mí me funciona y que aprendí de Cristóbal Verasaluse consiste en plantearme qué me gustaría preguntarle a la persona autora del libro o del curso en cuestión si la tuviera delante. ¿Qué dudas me gustaría que me resolviera? Las escribo después de leer el índice, y mientras leo voy encontrando las respuestas que necesito.

Para terminar, practica un minuto de respiración consciente a fin de entrar en un estado de concentración que te permita absorber el máximo de conocimientos.

Ritual de cierre para el domingo por la tarde (90 minutos)

El último ritual que quiero compartir contigo te elevará la energía el domingo por la tarde y te ayudará a comenzar la semana de buen humor, para que digas adiós a los lunes tristes. Este ritual te servirá como transición de un período de descanso a uno nuevo de actividad. Por lo tanto, si en tu caso no descansas los domingos, sino otro día de la semana, podrás aplicarlo entonces. También es útil para el regreso de unas vacaciones.

- Ambiente relajante (5 minutos)
- Música relajante (durante el tiempo que dure el ritual)
- Planificación de la semana (25 minutos)
- Rutina de autocuidado (25 minutos)
- Bebida favorita sin alcohol ni cafeína (5 minutos)
- Actividad favorita (30 minutos)

El objetivo es relajarte antes de comenzar la semana. Para ello comienza por crear un ambiente tranquilo, cuidando la iluminación y también los aromas. Yo siempre utilizo el mismo incienso cuando busco relajarme o concentrarme. Lo enciendo unos minutos antes de entrar en la habitación donde permaneceré y así su aroma me acompañará durante toda la sesión. Es una forma más de potenciar el condicionamiento mental a través de los sentidos.

A continuación, pon una lista de música que te ayude a calmarte y a situarte en el estado de ánimo que necesitas: calmado, pero positivo. Planifica tu semana prestando especial atención a los eventos que debes atender (reuniones, citas, etcétera), las tareas asociadas a estos, las urgencias y las tareas importantes para las que debes crear tiempo. Cuando termines, te recomiendo que dediques un tiempo a tu autocuidado. No solo servirá para relajarte; dedicarte este tiempo también aumentará tus niveles de endorfinas y mejorará tu autoestima. Puedes darte un baño relajante o seguir una rutina facial, aplicándote una mascarilla. Mientras te surte efecto, practica una actividad que te encante. Por ejemplo, leer, pintar o hacer ganchillo. Busca una afición que te ayude a liberar tu mente de forma creativa y acompáñala de una bebida que disfrutes especialmente.

Y si los domingos por la tarde dispones de poco tiempo, prueba a realizar una versión mínima viable de este ritual, planificando tu semana con un ambiente agradable mientras la mascarilla facial actúa en tu piel. ¿Verdad que te transmite paz solo imaginarlo?

Con esta sensación de relajación, llegamos casi al final de este libro. En estas últimas páginas he querido compartir contigo aquellos rituales que podrás utilizar con mayor frecuencia para obtener la energía que necesitas en cada situación. Estos rituales constituyen solo el principio, porque, ahora, el siguiente paso depende de ti. Ya conoces cómo tus pensamientos afectan a tus emociones y cómo usar los rituales de hábitos para condicionar tu mente. También sabes qué necesitas para crear tu ritual paso a paso y fijar ese primer hábito que será el guía de todos los demás.

Elige el primer ritual que tomarás como referencia e incorpóralo a tu rutina diaria. Si aún no tienes ninguno en tu vida, te recomiendo empezar por el ritual nocturno de quince minutos para ayudarte a descansar mejor por la noche. Pero si ya cuentas con cierta experiencia en esto de crear nuevos hábitos en tu vida, elige el que más te llame la atención.

Pruébalo durante unos días, siguiéndolo tal como te lo he descrito y a partir de tu experiencia empieza a hacer pequeñas modificaciones hasta convertirlo en un ritual que sea completamente tuyo.

Los rituales de hábitos se convertirán en tu mayor aliado para situarte en el estado de ánimo y aportarte la energía que necesites en cada instante. De este modo, podrás alcanzar las metas que te propongas con motivación y determinación.

Ahora tienes una poderosa herramienta entre tus manos: haz uso de ella y vive la vida que deseas vivir. Te la mereces.

CONCLUSIONES

Cuatro años antes de publicar este libro, decidí emprender mi propio negocio con la misión de contribuir a que este mundo fuera mejor. Había pasado muchos años trabajando para otras empresas y gestionando clientes cuyos valores no se alineaban con los míos, pero me había estado preparando para afrontar el reto de lanzar mi propia empresa. Durante mucho tiempo busqué cuál era mi propósito en esta vida, de qué forma podía contribuir a hacer de nuestro mundo un lugar mejor. Conocía bien cuál era mi Elemento[25] y el canal a través del cual fluía: la Comu-nicación. Siempre se me ha dado bien compartir mis ideas, por eso con nueve años decidí que quería ser escritora. Cuando llegó el momento estudié Periodismo

---

25. Robinson, K., *El Elemento*, Barcelona, Debolsillo, 2010.

y posteriormente adquirí experiencia en agencias y medios de comunicación.

Pero ¿cuál era mi propósito? ¿Cuál era el mensaje que podía difundir, haciendo uso de mi Elemento, para contribuir al desarrollo de nuestra sociedad?

Durante este proceso de autodescubrimiento fui creciendo personalmente. Leí libros de desarrollo personal, psicología, filosofía, economía y negocios, entre muchos otros. Y me di cuenta de que nuestro verdadero propósito, el de todas las personas, es, simple y llanamente, vivir. Disfrutar de cada momento, estar presentes en nuestro presente, en el aquí y en el ahora. Ser felices. Sin embargo, casi siempre nos enredamos con preocupaciones y trabajos del día a día, con quehaceres e inquietudes. Llenamos nuestras jornadas de obligaciones, ansiando una supuesta productividad que apenas nos deja tiempo para el ocio, nuestro crecimiento o el descanso. ¿Cómo pretendemos ser personas más productivas si dejamos de alimentar todo aquello que nos proporciona energía para lograrlo? Tener claras nuestras prioridades, incluirnos entre estas y crear tiempo para integrarlas en nuestra vida es lo que nos permitirá alcanzar esa armonía que nos brinda el hecho de estar presentes, vivir nuestro propósito y dejar de buscar la felicidad fuera de nuestro ser. Solo la presencia nos llevará a vivir en armonía con nuestra esencia. No olvidemos que somos la fuente de nuestra felicidad y no tenemos más que mirar hacia dentro si queremos encontrarla, pero primero necesitamos crear tiempo para disfrutar de esos momentos de introspección que nos harán crecer. No está de más que recordemos que el cambio solo es posible de dentro hacia fuera.

Como hemos visto en las páginas de este libro, los rituales de hábitos constituyen una gran herramienta que nos ayudará a situar nuestra energía en el lugar donde la necesitamos, bien sea para aumentar nuestra vitalidad, para relajarnos o para mejorar nuestra capacidad de concentración. Además, gracias a los hábitos conscientes y saludables, lograremos crear ese espacio de crecimiento personal en nuestra vida. Son estos los que contribuyen a que alcancemos nuestras metas y nos hacen sentir bien a largo plazo. Hacer ejercicio, comer sano, meditar o salir a pasear nos ayudará a conectar con nuestra esencia, a olvidarnos de las preocupaciones y a centrarnos en los beneficios del hábito que estamos practicando. Si bien los hábitos nos ayudan precisamente a generar automatizaciones en nuestro cerebro para ahorrar energía y poder ponerlos en práctica sin que tengamos ni que pensarlo, es importante que sigas haciendo uso de tu recompensa interna. Cada vez que practiques un hábito esencial para ti, dedica uno o dos minutos a sentir cómo cambia tu energía, qué efectos tiene sobre tu cuerpo y tu mente. No solo reforzarás su poder, sino que te ayudará a estar presente y a recordar por qué decidiste practicar este hábito e incluirlo en primer lugar en tu ritual.

Los rituales de hábitos forman parte del día a día de grandes nombres que han alcanzado la excelencia en aquello que se han propuesto. Deportistas de élite como Michael Phelps, cuya historia conocimos al comienzo de este ejemplar que estás a punto de terminar, o el tenista Novak Djokovic, que en *El secreto de un ganador*[26] cuenta lo importante que es para él cuidar sus hábitos y su entorno antes de una competición. También empresarios, autores y *coaches* de renombre como Tony Robbins han desarrollado sus rituales para afrontar los momentos más importantes de su carrera, cuando necesitan que su energía los acompañe sin importar cuáles sean las circunstancias que acontezcan en su vida en esos momentos. Sin em-

26. Djokovic, N., *El secreto de un ganador*, Madrid, Books4pocket, 2017.

bargo, como hemos comprobado en los diferentes capítulos, esta herramienta no se está reservada únicamente a personas que consideramos que tienen capacidades excepcionales. Al contrario, todos podemos beneficiarnos del poder de los hábitos y usarlos a nuestro favor para lograr lo que nos propongamos. He compartido contigo la experiencia de las alumnas de mi programa Hábitos Esenciales, y también de profesionales, conferenciantes, presentadores de televisión y personas creativas que necesitan estar en contacto con lo más profundo de su ser para entregárselo al mundo. Los hábitos son el canal a través del cual consiguen esa conexión que va desde nuestro interior hacia el exterior.

Nuestras emociones pueden nublarnos la mente en muchas ocasiones y hacer que funcionemos en el modo de piloto automático sin tan siquiera plantearnos de dónde vienen, qué las produce o qué podemos hacer para evitar que nos limiten. El problema no está en sentir miedo, tristeza, rabia o ansiedad. ¡Al contrario! Son emociones tan naturales como la alegría, la seguridad, la confianza o la tranquilidad. El conflicto se produce cuando estos sentimientos nos impiden vivir la vida que deseamos. Sencillamente, porque nos hemos acostumbrado a vivir como autómatas, sin sentir realmente cada una de estas emociones, sin estar presentes, pasando por todas ellas de puntillas. Cuando nos sucede algo que catalogamos como negativo o doloroso, lo evitamos buscando distracciones externas. Si lo hemos categorizado como positivo, ni siquiera le dedicamos el tiempo suficiente para experimentar qué nos transmite, enseguida damos el salto a una nueva meta, un nuevo objetivo que cumplir en nuestra lista. Nunca estamos completamente satisfechos, y por eso nunca encontramos la felicidad que tanto declaramos ansiar.

Sin embargo, en este libro hemos visto que las emociones están determinadas por nuestros pensamientos, y que si modificamos nuestro paradigma, nos encontraremos en un nuevo lugar desde el que nos resultará más sencillo estar presentes y vivir nuestras emociones sin juzgarlas ni permitir que interrumpan nuestro camino. El dolor es inevitable, pero el sufrimiento es opcional: tú eliges si deseas o no recrearte en él.

A nuestro cerebro le gusta ahorrar energía a fin de dedicarse a tareas que considera más importantes. Por eso, para todo lo demás busca atajos que le permitan dar respuestas automáticas. Nos pasamos todo el tiempo juzgando y categorizando situaciones, emociones y personas, basándonos únicamente en nuestra experiencia y conocimientos previos. Es una función útil en muchos casos, pero también puede fallar y hacer que nuestra mente automatice procesos que nos impiden crecer. Por ejemplo, cuando nos acostumbramos a saciar nuestra ansiedad con alimentos ultraprocesados, cargados de grasas saturadas y azúcares, o cuando nuestros hábitos nos inducen a mantener una vida sedentaria que nos hace pasar cada vez más horas en el sofá. Gracias a los rituales de hábitos podemos reconfigurar nuestra mente aplicando los principios del condicionamiento clásico y la psicología conductista. De este modo conseguiremos aprovechar las funciones de nuestro cerebro para ahorrar energía y crear automatizaciones conscientes basadas en lo que queremos conseguir. En este caso, situar nuestro estado de ánimo donde lo necesitamos en cada momento, sin importar cuáles sean nuestras circunstancias o lo que nos ha sucedido recientemente. Y seremos capaces de ganar vitalidad, de concentrarnos para una tarea específica o de dormir profundamente y sin interrupciones.

Cuando me propuse emprender mi negocio, observé que la forma más adecuada de hacer que este mundo fuera mejor era ayudando a otras personas. El cambio, que como ya sabemos siempre se produce de dentro hacia fuera, primero debe ser personal. Si con mi experiencia y conocimientos podía ayudar a que otra persona tomara acción, creara tiempo para sí misma, aumentara su energía a través de los hábitos y, de este modo, tuviese #MásVIDA, el mundo sería un lugar mejor.

Por eso, si este libro te ha resultado útil y te ha servido para despertar alguna inquietud que se encontraba dormida en ti, si te ha ayudado a crear tus rituales o te ha hecho pasar un buen rato aprendiendo sobre temas que te atraen, me gustaría pedirte que me ayudaras a llegar a más personas. Así tú también estarás contribuyendo a que este mundo sea mejor. ¿Qué tienes que hacer? Sencillo, comparte tu experiencia y el aprendizaje que extraes de este libro con otras personas, recomiéndalo, e incluso regala un ejemplar a quien sepas que le puede servir.

Así tú y yo estaremos logrando que este mensaje llegue al máximo número de personas posible. Gracias por acompañarme en este viaje.

ACERCA DE LA AUTORA

Lucía Jiménez Vida (Jerez de la Frontera, 1987) es licenciada y máster en Periodismo por la Universidad de Sevilla y experta en Productividad y Hábitos. A través de sus formaciones, conferencias y contenidos en redes sociales, ayuda a otras mujeres a gestionar mejor su energía y su tiempo para que así puedan tener #MásVIDA gracias al poder de los hábitos y la productividad consciente. Su canal de YouTube, donde habla de estos temas, continúa creciendo día a día, y en el momento de publicar este libro supera los cincuenta mil suscriptores.

Ha diseñado dos programas de *coaching* grupal que imparte anualmente: Hábitos Esenciales, centrado en la creación, eliminación y modificación de hábitos que guíen a las personas hacia sus metas, y FOCUS, donde imparte su método personal para crear un sistema de productividad que ayude a tener una vida más equilibrada. Ambos incluyen el acompañamiento y asesoramiento por parte de Lucía. En www.luciajimenezvida.es se encuentra toda la información sobre la apertura de nuevas ediciones.

Además, proviene del exigente mundo del marketing, donde cuenta con más de diez años de experiencia, y actualmente dirige la Academia de Emprendedores Creativos, una escuela en línea por la que pasan más de doscientos cincuenta nuevos alumnos cada año.

En este ámbito, ha trabajado con grandes marcas nacionales e internacionales. Entre otros, Lucía ha sido responsable del lanzamiento digital de los canales internacionales de Antena 3 y Atreseries y ha trabajado con Evernote, Viadeo, BEKO o Sundance Channel a través de la agencia Marco.

Te invitamos a seguirla en su web y en sus redes sociales: www.luciajimenezvida.es

https://www.youtube.com/c/luciajvida

https://www.instagram.com/lucia jimenezvida

https://facebook.com/luciajimenezvida

https://www.linkedin.com/in/lucia jimenezvida

https://twitter.com/luciajvida

LIBROS RECOMENDADOS

BRAHM, A., *No te preocupes, ¡enfádate si quieres!*, Barcelona, Kairós, 2015.

CAMERON, J., *El camino del artista*, Barcelona, Penguin Random House, 2015.

CLEAR, J., *Hábitos atómicos*, Barcelona, Diana-Planeta, 2020.

COVEY, S. R., *Los 7 hábitos de la gente altamente efectiva*, Barcelona, Booket, 2015.

CURREY, M., *Rituales cotidianos: las artistas en acción*, Madrid, Turner Publicaciones, 2020.

DEL ROSARIO, D., *El libro que tu cerebro no quiere leer*, Madrid, Ediciones Urano, 2019.

DJOKOVIC, N., *El secreto de un ganador*, Madrid, Books4pocket, 2017.

DUHIGG, C., *El poder de los hábitos*, Barcelona, Vergara (Ediciones B), 2019.

ELROD, H., *Mañanas milagrosas*, Madrid, Editorial Zenith, 2016.

JAMES, W., *The Principles of Psychology*, 2 vols., Nueva York, Henry Holt & Co., 1890.

ROBINSON, K., *El Elemento*, Barcelona, Debolsillo, 2010.

SHARMA, R. S., *El club de las 5 de la mañana*, Barcelona, Grijalbo, 2018.